고맙습니다.
고맙습니다.
고맙습니다.
행복의 크기는 고마움을 느끼는 능력의 크기입니다.

_____ 님께 드립니다.

섹시한 말이
성공을
부른다

섹시한 말이 성공을 부른다

2012년 4월 10일 초판 1쇄 발행
2016년 4월 10일 초판 4쇄 발행

지은이 이경열
펴낸이 김영애
펴낸곳 SniFactory

등록일 2013년 6월 3일
등　록 제2013-000163호
주　소 서울시 강남구 삼성로 508(삼성동157-3) LG트윈텔1차 1402호
　　　 전화 02-517-9385 | 팩스 02-517-9386
　　　 이메일 dahal@dahal.co.kr | 홈페이지 www.snifactory.com

ⓒ 2012, 이경열
ISBN 978-89-968175-1-2 13800

값 13,000원

다홀미디어는 SniFactory (에스앤아이팩토리)의 출판브랜드입니다.
이 책은 저작권법에 따라 보호받는 저작물이므로 무단전재와 무단복제를
금지하며, 이 책 내용의 전부 또는 일부를 이용하려면 반드시 저작권자와
SniFactory (에스엔아이팩토리)의 서면동의를 받아야 합니다.

섹시한 말이 성공을 부른다

이경열 지음

다홀미디어

프롤로그
섹스보다 맛있는 말

섹스보다 맛있는 것이 있을까?

있다! 세계적인 팝아티스트이자 섹스심볼이라 불리우는 마돈나가 외친 말로, 그 역사적 증언은 스타 쉐프 에드워드 권이 있었던 칠성급 호텔, 버즈 알 아랍에서 이뤄졌다. 마돈나는 이 호텔에서 맛있게 식사를 하고 이렇게 외쳤다.

"This food is better than sex"이 음식은 섹스보다 맛있네요"

'섹스보다 맛있다' 면 얼마나 맛이 있는 것일까. 뜨거웠을까. 차가웠을까. 달콤했을까. 부드러웠을까. 다소 낯 뜨겁긴 하지만 이보다 더 강렬하고 풍부하게 상상력을 자극하는 표현은 없다. 따져 볼수록 '섹스보다 맛있다' 라는 말은 인간이 할 수 있는 최고의 찬사인 듯 싶다. 현존하는 표현 중 최상급 중의 최상급이라 할만하다.

섹스보다 맛있는 것이 마돈나에게는 최고의 음식이었지만, 나는 혀에, 정확히는 내 혀가 구현해내는 '말-언어' 에 이 수식을 바치고 싶다. 진정 내게는 '섹스보다 맛있는 말' 이다. 왜 나의 언어는 섹스보다 맛이 있을까?

우리는 '말'로 유혹하고, '말'로 성취하며 '말'로 실패하고 '말'로 다시 일어선다. 성취를 비롯한 모든 중요한 순간이 말을 매개로 이루어지며, 매일 말로 살고 말로 죽는다.
  생각해보면 태어나 세상을 처음 배울 때도 '말'이 있었다. 말은 내 세계를 건설하는 최초의 재료였다.
  나를 달구었던 첫사랑 고백의 순간에도 '말'이 있었다. 유혹의 언어는 마음을 움직여 사랑을 얻게 했고, 어리석은 말 한마디가 마음을 차갑게 식게 만들기도 했다. 취직의 순간에도, 성공을 거머쥐게 한 협상의 순간, 계약의 순간에도 말이 있었다. 매일 물건을 사고 팔 때에도, 모바일 폰 안에도, 블로그나 미니홈피에도 말이 있다. 말은 당신의 모든 것을 표현하고 모든 것을 좌지우지한다.
  그런데 한 가지 물어보자. 우리의 인생을 결정 짓는 말에 우린 어떤 태도를 보여 왔나? 아이러니하게도 우리는 우리의 언어에 별 관심이 없다. 내가 하는 말에 대해 곰곰이 생각해보지도 않고, 내일 할 말을 미리 연습하지도 않는다. 사람들은 말에 능숙하다고 생각하고 내 뱉을 뿐이다. 우리는 말을 너무 홀대해 온 것은 아닐까?

모든 위대함의 시작에는 피나는 연습이 있다. 팝의 황제 마이클 잭슨은 세상에서 가장 춤을 잘 추고 노래를 잘하는 사람이었지만, 그는 사망 직전까지 콘서트 연습 중이었다. 세상에서 가장 빠른 사나이 우샤인 볼트는 소문난 연습벌레이다. 골프천재 타이거 우즈도, 피겨 요정 김연아 선수도 매일 연습에 매진한다. 말로 벌어 먹고 산다는 자기계발 분야의 명강사, 브라이언 트레이시조차 강단에 서기 전에 항상 청중이 있는 듯 강의연습을 한다고 한다. 자신만의 위대함을 창조하기 위해 연습을 거듭한다. 직종이 다르고 분야가 달라도 우리 역시 매일 언어의 실전무대에 오르는 선수들이다. 이제 우리도 말에 대해 고민하고 연습해야 한다.

무한 긍정을 만드는 의미부여의 힘

말에는 어떤 상황에서도 무한긍정을 만들어내는 마법이 있다. 말은 생각을 담는 그릇이지만, 때로는 말이 생각과 태도를 지배하기도 한다. '말 한마디만 바꿔도 생각이 움직이고 인생이 달라질 수 있다.'는 이야기이다. 혹자는 손바닥에 손금을 열심히 그어 운명을 바꾸었다고 하지만, 그보다는 내 말에 대해 주목하고, 명상하고, 적절한 언어를 선택하는 것만으로도 운명을 바꿀 수 있다. 이 책에는 그 솔깃한 이야기를 모아봤다.

말은 그저 말이 아니다. '시간이 쏜살같이 흘러갔다'는 말에는 어쩔 수 없는 안타까움이 담겨있다. 좀 더 분석해보면 '시간이란 덧없는 것' '시간은 흘러 사라져버리는 것' '인력으로 어쩔 수 없는 것' 등의 가치관이 녹아 있기도 하다. 시간이 쏜살같이 흘러갔다고 말하는 자에게 시간은 헛헛하고 곧 소멸할 것이다. 그런데, 여기에 '시간이 매일 내게로 온다'고 말하는 사람이 있다. 따지고 보면, 시간은 내게서 흘러갈 수도 있지만, 내게로 올 수도 있는 것이다. 이 말에는 '시간은 계획 가능한 것' '매일 주어지는 선물' 등의 가치관이 녹아 있다. 자, 오늘부터 '아아… 시간 참 빠르게 흘러가네'라고 생각하는 순간에 침 한번 꼴깍 삼키고 '아, 시간이 변함없이 내게로 오네'라고 바꾸어 말해보라. 부릉부릉~. 무언가 변화를 일으키는 시동소리가 들리기 시작할 것이다. 에너지와 긍정의 힘을 만드는 마약같은 힘이 생기기 시작할 것이다. 이처럼 이 책은 우리가 흔히 쓰는 일상어와 대체가능한 긍정의 언어가 짝지어져 있다. '오늘도 지루하네'는 '내게 목표가 없네'로, '말을 하다'는 '말의 길을 보다'로 대체할 수 있다.

말의 하이컨셉

이렇게 말을 바꾸어 보는 것은 말의 하이컨셉을 만들어가는 과정이기도 하다. 하이컨셉은 잘 알려진대로 2006년 다니엘 핑크의

『새로운 미래가 온다』에서 제시된 개념으로 제품 이상의 가치를 말한다. 예를 들어 나이키는 '신발' 이라는 제품을 팔지만 '라이프 스타일' 과 '승리' 라는 하이컨셉을 판다. 나는 우리가 흔히 쓰는 말의 하이컨셉을 찾아보았고 그 밖에 틈틈이 해온 언어명상의 결과물을 이 책에 담았다.

이 책에 실린 내용은 대략 세가지 정도로 분류할 수 있을 듯하다.

첫째는 단어에 숨겨진 '숨은 긍정적 의미, 솔루션' 을 찾아 전면으로 내세우는 것이다. 말하지 말고 말을 보다, 화내지 말고 화를 보다, 이만 닦는게 아니고 마음도 닦는다, 꿈을 당겨보면 현실이 된다 등 짝을 이루고 있는 이야기가 대부분 여기에 속한다. 이 책에서 가장 중요한 언어의 하이컨셉을 발견해내는 이야기이다.

둘째는 단어를 합하고 나누는 일종의 말놀이로 새로운 언어를 탄생시키는 것이다. 이를 테면 일하다와 배우다, 즐긴다는 단어들을 융복합화하여 '일 놀이하다' 의 말을 만들거나, 리더십, 프렌드십의 ship에서 착안해 bridge를 고민해 보는 식이다.

셋째는 사물을 보는 시각을 달리해 본 수필류로 새소리 명상, 꽃에 대한 명상, 그리고 개인적으로 가족사를 통해 깨달은 인간의 생로병사, 행복과 죽음에 대한 명상이야기를 담았다.

또한, 각 내용의 첫머리에 언어명상의 화두를 몇마디의 글로써 제시해보았다. 본문을 읽기 전에 언어와 관련된 질문들에 대해 잠시 명상해 보고, 나의 글을 읽었으면 한다. 쉽게 지나쳐온 일상의 순간에 대해 차근히 짚어보는 계기가 될 것이다.

말의 에너지를 느껴보자

나는 언어 명상을 통해 말의 힘에 대한 새로운 시각을 갖게 되었다. 말에 흐르는 에너지를 느낄 수 있었고, 때로는 호기심과 감성의 에너지가 온몸을 휘감아 오름을 느낄 수 있었다. 사회생활을 하고 사람과 사람 사이에 살면서 어찌 좌절하고 낙담할 일이 없었겠는가. 언어 명상을 시작하면서 나는 어떤 실망 앞에서도 긍정의 씨앗을 캐낼 수 있었고, 가슴이 따뜻해질 수 있었다. 입꼬리는 언제나 올라가 있었고, 자신감이 붙었다. 내 심장 한가운데에는 무한긍정의 샘물이 솟아오르기 시작했다.

내가 경험했던 언어명상의 기적이 독자에게 고스란히 전달되기를 기원해본다. 당신의 가슴을 콩당거리게 하는 섹시한 말이 당신의 성공을 불러 올 것이다. 그 가슴 설레는 말 여행을 떠나보자.

2012년 4월
어린왕자를 꿈꾸는 이경열

목차

프롤로그 • 섹스보다 맛있는 말 • 6

제1장 • 말을 보면 마음이 보인다

말하지 말고 말을 보아라 • 19
화내지 말고 화를 보아라 • 25
얼굴은 거울로 보지만 마음은 무엇으로 보지? • 33
에너지가 샘솟는 말 따로 있다 • 36
스트레스는 받는 것이 아니라 스스로 만드는 것이다 • 40
시간은 흐르는 게 아니라 넘실대며 온다 • 45
지루한 삶의 탈피, 춤으로 하루를 연다 • 51
이만 닦는게 아니고 마음도 닦는다 • 56
사람은 말을 하고 말은 사람을 만든다 • 58
마음을 그림으로 그려라 • 61
꿈을 당겨보면 현실이 된다 • 65
멀리 보면 아름답다 • 67
재미가 없는 게 아니라 목표가 없는 거다 • 70
행복을 찾지 말고 행복을 보아라 • 73
누가 부자인가? • 76

계획을 세우는 일은 실패를 완성하는 것 • 79
말하지 말고 이야기를 들려줘라 • 81
야단치지 말고 상상하게 해라 • 85
뻥치면 뽕간다 • 87

제2장 • 행운을 불러오는 마법의 말

마누라는 중환자다 • 93
아내는 마지막 고객이다 • 96
자식을 친구로 보아라 • 99
설거지 하지 말고 소화제를 먹자 • 102
산책하지 말고 사색하라 • 105
일기 쓰지 말고 나를 만나 보자 • 107
세수하지 말고 맛사지하라 • 111
밥 먹지 말고 음미하라 • 113
잠자지 말고 여행을 떠나라 • 117
돈보다 정신을 물려주어라 • 121
재능이 없는 게 아니라 관심이 부족하다 • 125
말씨도 뿌리는 방법이 있다 • 129
관상을 보지 말고 발상을 보아라 • 138
칭찬하지 말고 칭찬을 즐겨라 • 142
지시하지 말고 부탁하라 • 146
세뱃돈 보다 씨앗을 주어라 • 149

제3장 • 성공을 부르는 섹시한 말

말에도 십일조가 있다 • 159
공장을 캠퍼스로 만들어라 • 162
열심히 일하는 사람 빨리 해고하라 • 166
배우려하지 말고 겸손해라 • 171
취직하지 말고 취업하라 • 173
능력은 개발하지 말고 써라 • 175
적는 사람이 놀 자격이 있다 • 177
고달픈 게 아니라 고달픈 연기를 하는 거다 • 179
리더십이라는 배를 띄워 보내라 • 182
큰놈에 붙어가면 큰놈보다 빨리 간다 • 185
부탁은 절반의 성공이다 • 187
마음을 다스리려면 행동부터 통제하라 • 189
제품을 만들지 말고 작품을 만들어라 • 191
명함은 선물이다 • 195
삶의 마지막 명함을 만들어라 • 199
무엇을 남기고 가지 • 201
지식을 전달하지 말고 추억을 만들어라 • 204
아이디어를 내지 말고 생각이 이사를 가게 하라 • 206
우울증을 사라지게 하는 기적의 말 • 208

제4장 • 세상을 보는 또 하나의 특별한 눈

꽃잎이 지지 않고는 열매를 맺을 수 없다 • 215
꽃이 웃으면 선물이 된다 • 217
마지막 주고 가는 선물, 울음꽃 • 219
역경이 자원이다 • 221
새소리가 들리면 또 하나의 귀가 열린다 • 224
밥이 몸도 마음도 만든다 • 226
내 생애 최고의 말, 조심해 그리고 고맙다 • 229
나를 알려면 나를 바라보라 • 232
아이를 낳지 말고 탄생시켜라 • 235
깨달음의 문장부호 • 240
헤어진다는 것은 조심하라는 명령이다 • 242
스마트폰 다음에는 신통기 시대 • 246
책을 읽지 말고 필요한 것을 찾아라 • 248
소유하지 말고 이용하라 • 251
돈보다 말로 자식농사 지어라 • 253
꿈꾸지 말고 가슴에 품어라 • 257

에필로그 • 말은 에너지다 • 259

제1장

말을 보면
마음이 보인다

말하지 말고
말을 보아라

Q 인격이 보이는 거울은 없을까?

　사람들은 말을 한다. 나도 매일 말을 했다. 그러던 어느 날, 나는 말을 하지 않고 보아야 겠다는 생각이 들었다. '말 하지 말고, 말을 보자' 내 인생을 바꾼 깨달음이었다. 급기야 나는 입에 안경을 씌워야겠다는 생각이 들었다. 오랜 친구인 이성근 화백에게 나의 이야기를 들려주었더니 멋진 그림으로 표현해주셨다. 그리하여 내 거실에는 특별한 그림 한 점이 자리잡게 되었다. 입에 안경을 쓰고 있는 자화상이다.

　그림 속에서 까까머리인 나는 눈을 지긋이 감고 있다. 아마 집중하기 위해서일 것이다. 관능적으로 두툼하게 강조된 입술에는 내가 부탁한 '입 안경'이 씌워있다.

이 그림을 본 사람들이 내게 묻는다.
"이건 뭐야. 마스크야?"
"아니 안경이야."
"뭐. 입에 왜 안경을 씌워?"
"말을 하지 않고 말을 보려고 씌웠지."
만약 말이 보인다면 어떤 일이 벌어질까? 상상해보자. 내가 뱉은 온갖 말이 공중을 둥둥 떠다니고 있다. 정확한 말, 아름다운 말, 허튼 소리, 꽁한 말, 흥보는 말, 다그치는 말…. 이 모든 말이 보인다면 어떤 기분이 들까. 대부분 몹시 부끄럽고 어지러울 것이다. 그리고 좀 더 신중히 말을 고르게 될 것이다. 하지만 말은 눈에 보이지 않는다. 보이지 않으니 마구 내뱉게 되고 치명적인 실수를 저지르기도 한다.

사람들은 '말을 한다' 하지만, 말은 하는 것이 아니라 '말을 바라보는 것'이어야 한다. 말을 할 때 말을 바라보는 습관을 길러보자.

그렇다면, 도대체 말을 바라본다는 것은 무엇일까?

첫째는 내가 사용하는 말에 대해 명상하는 것이다. 이것은 이 책의 주제이기도 하다.

둘째는 말의 길을 보는 것이다. 이는 언어의 효과를 최고조로 끌어올리기 위해서인데, 우리는 흔히 "쟤는 말귀를 못 알아들어"라는 표현을 쓴다. 말귀란 말을 알아듣는 총기를 뜻하는데 세상에는 말귀 어두운 사람이 수두룩하다.

말을 하지 말고 말의 길을 보면 이런 사오정의 귀도 트이게 할 수 있다. '말을 하다'는 말하는 이의 관점이다. 생각과 감정을 쏟아내는 느낌을 준다. 반면에, '말이 가는 길을 본다'는 것은 내가 하는 말이 실제로 어떤 반응을 일으키는지 찬찬히 바라보면서 말하자는 의미이다. 예를 들어

1. 내 말이 이해되고 있는가
2. 그것이 상대방의 가슴에 어떻게 꽂히는가
3. 상대방이 반응을 보이고 있는가
4. 그 반응은 진실된 것인가 예의상 의례적인 반응인가
5. 상대의 마음에 파장을 일으키고 있는가
6. 지금 가고 있는 '말의 길'을 갈 것인가, 다른 '말의 길'로 바꿀 것인가

등등의 판단이 가능해진다. 이처럼 말을 응시하는 것은 원활한 대화의 기본적인 자세이다. 단어 하나라도 응시하고 명상해보자는 것이다. 말을 응시하다 보면 자신의 인격을 응시하게 되고, 삶에서 풀어내지 못한 실타래가 내 말 속에도 있음을 느낄 수 있을 것이다. 성격을 바꾸고 삶의 양태를 바꾸자고 하면 너무나 거창하게 느껴진다. 하지만 말을 바꾸는 것은 손쉽고 또 효과도 크다. 이제 말을 하지 말고 말의 길을 보고 말을 응시해보자.

말을 보는 방법

1. 말의 에너지가 상대에게 어떻게 작용되는지 생생하게 보아라

내가 하는 말은 씨가 있다. 그래서 말씨라 한다. 그 말씨가 제대로 싹을 틔우는지 보고 또 보아라. 말을 보면 인격이 보인다. 내 인격을 보는 거울, 말을 보아라.

내 말이 긍정으로 작용하는지 부정으로 작용하는지 보아라.

같은 단어를 사용하더라도 쓰임새에 따라 긍정 부정이 갈린다.

끈으로 칭칭 묶여 있는 사람을 구해주려고 칼을 들고 접근할 때 상대방은 자신을 죽이려고 다가온다고 생각하지는 않는지 잘 살펴보아라. 내가 요리에만 쓰는 칼도 상대는 무기로 받아들이는 경우가 종종 있다.

2. 말의 스피드를 살핀다

말을 하다 보면 그 말에 도취되어 스피드가 빨라지는 경우가 많다. 말이 빨라진다는 것은 실수를 준비하는 일이다. 호흡을 가다듬고 스피드를 관찰하라. 자신의 말이 귀에 들려오는 억양의 높낮이 발음도 살펴라. 상대에게 내 말이 소화될 수 있는 여유를 주자.

3. 상대가 무슨 말을 듣고 싶어하는지 살펴라

내가 하는 말보다 상대가 어떤 말을 듣는지가 더 중요하다.

내가 하고 싶은 말보다 상대가 듣고 싶은 말이 무언지 살펴라.

당뇨와 고혈압을 앓고 있는 환자에게 깨소금이 고소하다고 자꾸 준다면 먹겠는가?

> 보너스-1

4. S-LINE 보다 더 섹시한 말 S-MILE을 보아라

얼굴표정은 단어의 힘보다 다 강하다. 백마디의 말보다 따뜻한 미소가 더 큰 힘을 주기도 한다. 몸매에 S-LINE이 있다면 마음에는 S-MILE^{미소}이 있다. 에스 마일$^{S-MILE}$은 긍정이다. S는 긍정의 예스^{YES}다. 긍정의 말은 대통령도 만든다. 고 노무현 대통령의 화법은 맞고요 맞고, 즉 어떤 상황에서도 긍정으로 시작하는 것으로 유명하다. 미소는 긍정이다. 말이 긍정으로 시작해서 긍정으로 끝나는지 보아라. S-LINE 보다 더 섹시한 말 S-MILE이 보이기 시작하면 자신감이 붙는다.

말하기 전에 나의 얼굴 표정이 웃음을 띠고 있는지 상상해 보아라.

5. 하나의 메시지에 집중하라

내가 하고 싶은 말에 치중하다보면 상대는 소화불량에 걸린다.

뷔페보다는 설렁탕 한 그릇이 더 오래 기억된다. 뷔페가 맛이 없어서가 아니다. 개별 음식으로 보면 다 훌륭하다. 한꺼번에 줄 일이 아니라 한번에 하나씩 골라 주어라.

많은 말보다는 메시지가 담긴 감동의 말이 사람을 움직인다.

하나의 메시지가 백개의 메시지보다 더 강력하다.

화내지 말고
화를 보아라

Q 응시하면 사라지는 것?

어느 날 매형 A씨와 처남 B씨는 사이좋게 고기집에 모였다. 맛있는 고기 먹을 생각에 화기애애했다. 그런데, 매형 A씨는 B씨의 누나인 아내를 무시하는 발언을 서슴지 않았다. B씨의 얼굴은 화를 억누르느라 붉으락 푸르락 했다. A씨는 개의치 않고 계속 B씨를 자극했다. 순간 처남 B씨는 자존심이 상하고 이성을 잃었다. 그는 각목을 가져와 10분도 넘게 A씨를 내리쳤다. A씨가 숨이 끊어지는 것도 개의치 않을 정도로 그는 이성을 잃은 상태였다. 처남 B씨는 초범이었다.

얼마 전 뉴스를 통해 접한 충격적인 사건이다. 각목으로 때려서 사람을 죽이는 장면이 CCTV에 잡혀 분노의 광기가 안방까지 생생히 전해졌다. 처남이 매형을 때려 죽였다는, 잔혹함만큼이나 놀라웠던 것은 그 동기가 '누나를 무시하는 발언을 해서'라는 단순한 이유였다. 더구나 처남 B씨는 초범이었다. 평범한 사람도 언제든지 화를 제어하지 못하면 나락으로 떨어질 수 있다는 것을 보여주는 사건이다.

그즈음에는 유난히 비슷한 보도가 많았다. 어깨를 부딪혔다는 이유로 행인을 폭행하고, 층간 소음으로 이웃 간에 칼부림이 나고, 아이를 만졌다는 이유로 할머니를 폭행한 아주머니도 있었다.

이들 대부분은 순간적인 화를 참지 못해 일어난 사건이었다. 잘은 몰라도 앞으로 이런 사고는 점점 늘어날 듯해 두려운 마음까지 들었다. 우리는 이제 '누구나 순간적인 화를 참지 못하면 사건사고의 주인공이 될 수 있다.'는 것을 배우고 익혀야하는 시대가 된 것이 아닐까. 어떻게 화가 발생하는지, 화는 어떻게 자극되어 활활 타오르는지, 화를 제어하려면 어떻게 해야 하는지 체계적으로 연구하고 가르쳐야하는 시대가 오고 있다.

우리는 '화가 난다' '화를 내다'라고 표현한다. 속이 부글부글 끓고 핏대가 솟구치는 순간 화를 발산해버린다. 그러나, 이래서는 화를 다룰 수 없다. 화가 날 때는 언어를 다르게 표현해보자. '화가 생겼으니 화를 응시하자'라고. 화가 나면 '화를 응시해야 한다.

당신 안에는 울고 있는 어린아이가 있다. 상황을 바라보기보다는 '나'를 소리치고 어필하고 싶다. 그 아이를 쓰다듬어주는 것부터 시작해야한다. 우리는 화에 대한 훌륭한 고전을 알고 있는데 바로 틱낫한의『화』이다. 그의 이야기를 들어보면,

1. 화가 났을 때는 일단 멈추고 호흡에 집중, 화를 자각하고, 내 안에서 화의 원인을 찾은 다음, 부정적인 에너지를 긍정적인 에너지로 변화시켜라.
2. 상대방이 화가 난 경우, 그 화가 가라앉는 데 시간이 걸린다는 걸 알고, 연민을 갖고 그의 말을 경청하여 상대방을 이해하라.

틱낫한은 15분이면 화를 제어할 수 있다고 했지만, 내공이 짧은 우리네 평범한 인격자들은 화를 바라보는 특별한 시스템이 필요하지 않을까? 화를 다루는 것은 특히 리더들에겐 리더십과 직결되는 중요한 문제이다. 그래서인지 CEO 중에는 화를 다루는 기발한 방법을 고안해 낸 사람이 많이 있다.

"내가 화를 내면 책상을 두드려 주세요."

한 여성 CEO의 이야기이다. 미모와 전문성과 열정을 모두 갖춘 그녀에게 치명적인 단점이 있었으니, 사주에 불이 세 개가 들

었다는 전형적인 다혈질이었다. 그 놈의 성질을 못 다스려 일이 잘못되는 일이 많아지자 그녀는 자신의 화를 바라 볼 묘안을 냈다. 가장 가까이 앉은 우직한 직원에게 특별한 임무를 맡겼는데, 바로 '내가 화를 내면 책상을 규칙적으로 똑똑똑똑 두드려달라는 것'이었다. 화가 치솟는 순간 들리는 '똑똑똑' 소리. TV리모컨 볼륨을 줄이듯 규칙적인 똑똑똑 소리에 화를 줄이려고 노력했다. 적어도 자신이 화를 내고 있다는 것을 인지하게 되었다. 이것이 그녀가 자신의 화를 바라보고 조절하는 방식이었다.

"스님, 저를 보아 주십시오"

또 다른 CEO의 이야기이다. 어느 날 스님이 사무실로 탁발 나왔는데, 무슨 생각에서선지 그는 스님을 붙잡았다.

"스님, 탁발은 그만하시고 우리 회사에 들어오세요."

다음날부터 스님은 회사에 매일 출근을 했고 꼬박꼬박 봉급도 받아갔다. 이 엉뚱한 낙하산 인사에 직원들의 불만이 하늘을 찔렀다. 급기야 단체로 따져 묻는 일이 벌어졌다.

"사장님, 스님은 왜 일도 하지 않으면서 월급을 받아갑니까?"

"일을 하지 않다니, 가장 중요한 일을 하는 분이야. 내가 나를 볼 수 없으니 나를 지켜보고 낱낱이 이야기해 달라 부탁했어. 스님은 나를 보아주는 분이라네."

스님의 업무는 하루 종일 CEO를 관찰한 후 있는 그대로 말해주는 일이었다. 자신이 화를 바라볼 수 없으니, 따로 나를 바라보는 사람을 고용한 셈이다. 물론 그 역시 자신의 화를 훌륭히 제어할 수 있게 되었다.

언성이 높아지면 실수하기가 쉽다. 말의 톤이 높아지면 상대방은 내가 화가 난 것으로 인지한다. 특히 경영자, 고위층, 어른 등 지도층의 사람들은 말의 톤이 높아지면 주의해야한다. 나는 화를 내지 않고 강조했을 뿐인데 상대방은 화난 모습으로 받아들이기 때문이다. 또, 나보다 상대방이 내 말을 잘 본다. 객관적으로 본다. 내 스스로 내 말을 보는 습관을 들여야 하지만 내 말을 관찰해 줄 사람이 필요하다.

말은 인격이다. 말을 실수하는 것은 내 인격에 흠을 내는 것이다. 상처를 내는 것이다. 상처투성이인 내 인격을 보고 싶지 않다면 내 말을 보자. 이것이 잘 안되면 제 3자에게 부탁하자. 내 말을 관찰해주는 멘토가 된다. 경영자나 지도자는 내 말을 관찰해주는 사람이 필요하다. 직원이 부하가 상사의 의견에 토를 달거나 이의를 제기하기 어렵다. 설사 안다고 하지만 부하들은 입을 다문다. 그러니 그들에게 부탁을 하는 것이다. 내 말을 관찰해달라고 그러면 그들도 스스럼 없이 부담 없이 입을 열게 되고 경영자도 편견 없이 받아들일 수 있다.

프로골프 선수도 레슨을 받는다. 실력이 없어서 받는 것이 아니다. 프로선수는 끝없는 연습과 레슨을 통해 이루어낸 결과이다. 심지어 골프황제 타이거 우즈도 레슨을 받는다.

얼마전 타계한 금세기 최고의 천재라 불리는 스티브 잡스의 발표연습 동영상을 보았다. 그것은 한마디로 충격이었다. 그는 수도 없이 발음연습을 하고 있었다. 이 말을 할 때 이러한 제스처, 시선은 어디 등등, 모두 치밀한 각본에 의해 연습하고 또 연습했다. 만약의 돌발 상황을 위해 제2 제3의 대안을 만들고 있었다. 난 한참동안 멍하니 하늘만 쳐다보았다. 난 무슨 연습을 했지?

당신은 인격자가 되기 위해 얼마나 연습했는가. 얼마나 레슨을 받았는가. 대학 졸업장만으로 경영자, 지도층으로서 자격증이 있다고 폼잡고 있지는 않는가. 지금부터 매일 골프선수가 연습하듯 말 연습을 하자. 인생은 말로 승부를 거는 사업이다. 동물세계의 먹이 사슬이 힘이라면 인간세계의 먹이 사슬은 말이 아닐까?

화를 다스리는 방법

1. 응시하면 사그라진다

　상담을 해주는 창구가 있었다. 주로 신입사원이 업무를 담당하게 되는데, 이리 터지고 저리 혼나는 '동네북 보직'이라 할 만했다. 신입사원이 부모님 연령대의 고객에게 눈물 쏙 빠지게 질책을 받는 경우도 허다했다. 고객은 때로 '네가 이 기술에 대해 뭘 안다고 되니 안되니 하는 거야' 하며 호통을 치는 것이다.

　그 상담석에 나는 양면거울을 놓아 보았다. 상담자와 고객의 얼굴이 동시에 비쳤다. 결과는 놀라웠다. 아무도 그 자리에서 화를 내지 못했다. 화가 난 자신의 얼굴을 보면서 마음대로 화를 분출할 수 있는 사람은 없다. 응시하면 사그라지는 것이다.

2. 화내지 말고 화를 설명하라

　하루에 몇 번 화를 내는가? 어떤 방식으로 화를 표출했나? 우리는 고함을 지르기도 하고 엉뚱한 사람에게 신경질을 부리기도 한다. 가슴속에 꾹꾹 눌러놨다가 폭음, 폭식으로 풀기도 한다. 사우나 가서 잠을 자는 사람도 있고 아예 말을 하지 않고 침묵하는 사람도 있다.

　화가 잘 풀려야 사는 일이 술술 풀리는 법. 내 안에 화가 만들어 졌다면 "나는 이러이러해서 화가 났다"고 말로 표현해야 한다.

3. 왜 화가 났는지 적어보자

　화의 원인이 무엇이지? 100% 상대방의 잘못으로 화가 난 것인지 아니

보너스 2

면 내게도 그 원인이 있지 않은지 차근차근 적어본다. 화의 원인을 적는 과정에 화의 정도가 누그러지는 경우도 있고 사라지는 경우도 있다.

4. 언론에 소개되는 대형 사건사고의 원인을 살펴본다

그리고 그 원인에 대하여 가족이 함께 의견을 나누어 본다.

욱 하는 화를 참지 못해 평생 헤어 나오지 못할 수렁에 빠지는 경우가 있다. 뉴스에는 온통 그런 사건사고로 가득 차 있다. 뉴스는 '인생의 나락'에 대한 반면교사이다.

틱낫한 『화』 중에서

화는 감자와 마찬가지로 시간을 들여서 충분히 익혀야 한다. 처음에는 화도 날감자와 같다. 우리는 날감자를 그대로 먹지 않는다. 화는 우리가 즐길 만한 것이 아니지만, 그러나 잘 처리하는 방법을 배우면, 다시 말해서 감자를 익히듯이 잘 요리하는 방법을 배우면, 그 부정적인 에너지가 이해와 애정이라는 긍정적인 에너지로 변할 것이다. 이것은 누구나 할 수 있는 일이다. 누구나 화라는 쓰레기를 애정이라는 꽃으로 바꿀 수 있다. 우리는 불과 15분 안에 이 일을 해낼 수 있다. 그 비결은 호흡과 보행과 늘 자각하는 것이다. 그러면 자각의 에너지가 화를 감싸안게 된다. 그윽한 마음으로 화를 감싸안아야 한다. 화는 우리의 적이 아니라 우리의 아기다.

얼굴은 거울로 보지만
마음은 무엇으로 보지?

Q 보이지 않는 것을 보는 도구는?

어떤 사람이 출근하려고 하는데 손톱이 길었다. 손톱깎이가 안 보였다. 출근버스를 놓칠 듯 해 그냥 서둘러 집을 나섰다. 그날 그는 잔혹한 사고를 당했다. 컨베어벨트에서 작업하다가 손톱이 빨려들어 갔고 세 손가락을 잃고 말았다. 그는 평생 한탄했다. "그날 아침 손톱깎이가 거기 있었다면…"

한 사람이 길을 걷다가 돈을 벌 수 있는 기가 막힌 아이디어가 떠올랐다. 지긋지긋한 직장생활을 그만두어도 되겠다는 생각에 깡충깡충 뛰었다. 주머니를 뒤져도 볼펜은 나오지 않았다. 그 때 회사에서 급한 전화가 걸려와 허둥지둥 회사로 복귀하게 되었다.

정신없이 업무를 해결하고 나니 그 기막힌 아이디어가 생각나지 않았다. 그는 평생 한탄했다. "그때 볼펜과 종이만 있었더라면…"

노총각이 있었다. 주말마다 맞선 자리에 나서는데 아주 인이 배길 지경이었다. 이번 주말에도 맞선이 잡혀 있다. 늦잠을 자고 싶은 마음에 집에 있고 싶었지만, 어머님의 잔소리에 들볶이다가 마지못해 나가게 되었다. 그래도 선 자리인데 거울을 한 번 보려고 했는데 손거울이 눈에 띄지 않았다. 에라 모르겠다… 서둘러 나갔더니 이상형의 여성이 다소곳이 앉아 있는 것이 아닌가. 신이 나서 평소보다 더 말도 많이 하고 크게 웃었는데, 앞에 앉은 여성의 표정이 묘했다. 헤어지고 나서 화장실에서 거울을 보니 입에 고춧가루가 잔뜩 껴있었다. 그래서였을까. 그 여성에게는 다시 연락이 오지 않았다. 하여 그는 평생 후회를 했다.

"그날 아침 거울이 있었더라면…"

손톱깎이가 없어서, 볼펜이 없어서, 거울을 보지 못해 행운을 놓쳤다고 하는 사람들. 그들은 그 이유로 손가락을, 운명이 바뀔 아이디어를, 평생의 배우자를 잃었다고 생각한다. 하지만 그보다 더 중요한 것을 놓친 것이 있다. 그것이 마음이 아닐까. 그런데 마음은 무엇으로 보지? 마음도 무엇이 있어야 볼 수 있는 것이 아닐까. 그래서 마음을 보는 그림을 그렸다.

이 그림을 가만히 들여다보자. 무엇이 보이는지?

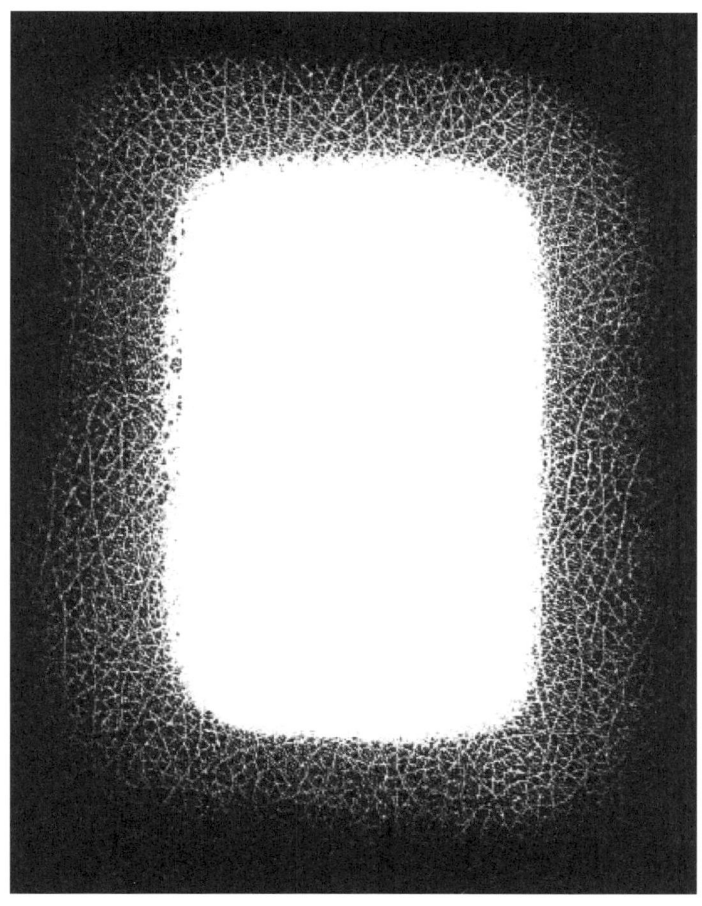

에너지가 샘솟는 말 따로 있다

Q 당신의 언어는 어느 단계입니까?

영적인 진실을 과학적으로 밝혀냈다고 평가받고 있는 미국의 데이비드 호킨스 박사는 『의식혁명』이라는 책을 통해 영적 '의식의 지도'라는 것을 만들었다. 그는 운동역학을 이용한 실험을 통하여 인간의 의식을 수치화하여 의식수준의 위계지도를 만들었다. 의식수준 200 이하는 인간의 근육반응을 약하게 하고, 200 이상은 인간의 근육반응을 강하게 한다고 주장하였다. 그러므로 200을 경계로 하여 수치가 높을수록 인간의 건강에 유익하고, 수치가 낮을수록 인간의 건강을 해치는 감정이다.

대수의 수치	수 준	감정, 태도와 행동
700~1000	깨달음	언어이전, 순수의식, 자아, 존재
600	평화	축복, 자각, 항상 존재하는, 완전한
540	기쁨	고요함, 거룩함, 존재의 순간마다 내면에서 기쁨이 솟아오름
500	사랑	조건없는 사랑, 용서와 보살핌, 자비
400	이성	빠르고 정확한 판단력, 높은 이해력, 현명함
350	포용	용서, 초월, 인정많은, 화목한, 조화롭게 살 수 있는 능력
310	자발성	낙관, 다른 사람에게 진실로 친절하게 대함, 남을 도우려는 마음기꺼이 다른 사람의 필요에 응함
250	중용	신뢰, 편파적인 관점으로부터 해방, 온화함, 정서안정, 자유중시
200	용기	긍정, 힘을 줌, 장애물을 만나도 자극제로 활용함
175	자존심	경멸, 과장, 자만심으로 바뀌기 쉽다. 비난에 약함
150	분노	미움, 공격, 복수에 찬, 적대적임, 과민반응
125	욕망	갈망, 구속, 부정, 실망
100	두려움	근심, 초초, (죽음, 질병, 실직 등에 대한)두려움, 강박관념
75	슬픔	후회, 낙담, 경멸, 비극, 우울함
50	무기력	절망, 자포자기
30	죄의식	자기비관, 파괴, 사악함, 원한을 품음
20	수치심	굴욕, 멸시, 비참함, 열등감, 쥐구멍이라도 있으면 숨고 싶음

자존심, 긍정인가 부정인가

 위의 의식의 수치에서 흥미로운 것은 기준선인 200 이하에서 만나는 첫 번째 감정인 '자존심'이다. 자존심은 자신을 지지하는 축이지만, 또한 쉽게 분노·슬픔·무기력·수치심으로 변한다. 또 경멸과 자만심으로 바뀌기도 한다. 사건사고의 원인이 되는 감정들을 살펴보면 자존심을 건드려서 일이 커진 경우가 많다고 한다. 남의 자존심을 건드리지 않도록 조심해야겠지만, 자신의 자존심도 잘 다스려야 한다. 자존심은 지키려 할수록 우스워지고 상황이 꼬이게 된다. 자존심이 상했을 때는 잠시 자존심을 내려놓는 편이 더 득이 된다.

내가 생각하는 시간의 양이, 내가 사용하는 언어가 의식수준 200 이하의 것은 아닌지 살펴본다. 의도적으로 200 이상의 언어들을 사용하는 습관을 길러보자.

흔히들 이렇게 이야기한다. '내가 자존심이 있지 어떻게 그런 일을 해, 굶어죽으면 죽었지 그런 일은 못해!'

여기서 죽음보다 더 강한 것이 자존심이라는 것이다. 대형사건 사고를 살펴보면 그 자존심을 건드려 폭발하는 경우를 종종 본다.

자존심은 주로 남에게 상처받았을 때 나타난다. 내가 나의 존재를 자랑스럽게 느끼는 자부심이나 자긍심과는 다르다. 자존심은 지뢰같은 것이다. 누가 밟으면 바로 폭발한다. 그 위험한 물건을 언제까지 갖고 다닐 것인가? 자존심은 다른 말로 표현하면 감추고 싶은 나의 약점이 아닐까? 그 약점을 이제 스스로 드러내놓고 보완하려는 나의 노력이 진정한 자존심이 아닐까?

그대 이제 자존심이라는 무거운 짐을 내려 놓을 때가 되지 않았는가? 그대 아직도 가끔 울컥울컥하는 화가 치밀어 오르는가? 잘 살펴보아라! 감추고 싶은 나의 약점이 자존심이라는 탈을 쓰고 얼굴을 내미는게 아닌가 잘 살펴보아라!

자존심이라는 지뢰를 갖고는 단 하루도 평화를 얻을 수 없다.

불안에서 깨어날 수 없다. 그대 평화를 얻고 싶거든 지금 당장 자존심을 내려놓아라. 자존심을 유지하는 것이 나를 지키는 것이 아니라 자존심을 내려놓는 것이 나를 지켜줄 것이다. 삶의 진정한 무기는 자존심을 내려놓고 허허 웃는 것이다.

스트레스는 받는 것이 아니라 스스로 만드는 것이다

Q 나를 열 받게 하는 것들은?

분당 주부 김말숙씨는 오늘도 스트레스 받는다.

옆집 아줌마는 아이들 방학을 맞아 스터디 그룹을 함께 짜자고 하는데, 신랑 월급으로는 어림도 없다. 주변을 보면 시댁이 애들 교육비를 대주는 집, 한 달에 몇 백씩 생활비 턱턱 내놓는 집… 세상에 부자 참 많다 싶다. 반면, 말숙씨 남편은 박봉에 야근수당이라도 챙긴다고 집에서 저녁 먹는 일조차 흔치 않고 그나마 주중 절반은 직장 스트레스 푼답시고 술 약속도 많다. 오늘도 냉장고에선 야채가 썩기 일보 직전인데, 요리하기엔 너무 더운 날씨여서 시켜먹고 싶다. 에어컨은 냉매가 새는지 영 시원한 것 같지 않다. 장마로 화장실엔 곰팡이가 보이고 빨래는 산더미처럼 쌓여있다.

"아~~ 열받아!"

스트레스가 가득차 주체할 수 없어져 짜증 섞인 말이 툭 터져 나오고 말았다.

열 받을 일, 스트레스 받을 일 많은 세상이다. 어떤 날은 사방에서 작정하고 스트레스를 주는 듯도 하다. 하지만 곰곰이 생각해보라. 정말 그들이 당신에게 스트레스를 주었는가. 당신의 스트레스는 진정 어디에서 출발했는가? 혹시 당신 스스로 선택한 것은 아닐까?

'스트레스 받는다' 는 표현을 생각해보자. 이는 귀책사유를 밖으로 돌리는 인상을 준다. 하지만 이 표현은 옳지 않다. 나는 스트레스로 가득차기 시작하면 이렇게 말한다. "또 내가 스트레스를 만들고 있구나"

말숙씨처럼 옆집의 치맛바람에 스트레스를 받는다면 분당처럼 교육열이 높은 곳에 사는 것이 옳은지 생각해봐야 한다. 아니면, 소신을 가지고 상황에 맞는 교육방법을 찾아야지 교육으로 인해 스트레스 받을 필요가 없다. 냉장고 야채는 버리거나 해먹으면 된다. 야채는 말숙씨에게 스트레스 줄 의도는 없었다. 당신을 괴롭히는 모든 문제는 고의적으로 스트레스 줄 의도는 없었다. 혹 고의적으로 못살게 구는 사람이 있다 한들, 당신의 태도에 따라 충분히 극복이 가능하다.

　스트레스란 적응하기 어려운 환경에 처할 때 느끼는 심리적, 신체적 긴장상태를 말한다. 다시 말해 나와 환경의 합작품이다. 그런데, 환경이 의도를 가지고 나에게 스트레스를 주는 일은 거의 없다. 내가 환경에 적응하지 못해 스트레스가 만들어진다. 결국 스스로 만들어낸다는 이야기이다.

　스트레스의 원인은 나에게 있다. 그러니 내가 스트레스를 만들고 있는 것이다. "스트레스 받아"를 "스트레스를 만들고 있네"로 바꿔 말하는 것만으로 변화는 시작된다.

　받는 것은 준 사람이 있어야 한다. 누군가로 인해 스트레스 받았다고 생각하지만 정작 그 사람은 주기는커녕 그 자체도 모르고 있는 경우가 많다. 그러니 스스로 생산한 것 아니겠는가?

스트레스 관리법

신경내분비학자인 로버트 새폴스키 스탠퍼드 대학교 교수의 저서 『STRESS』를 보면, 스트레스에 호르몬과 뇌 부위가 어떻게 반응하는가부터 각종질병과의 연관성, 우울과 스트레스의 상관관계 등 다각도로 스트레스에 대한 연구결과가 총 망라되어 있다. 책의 말미에 소개된 그의 스트레스 관리법을 소개하면 다음과 같다.

1. 운동이 스트레스를 낮추는데 효과적이다.
특히 무산소 운동을 규칙적으로, 지속적으로 하는 것이 좋다.

2. 매일 15~30분 정도 규칙적이고 지속적으로 명상하라.
당질 코르티코이드 수준이 낮아지고 교감신경 긴장이 떨어진다.

3. 삶 속에서 통제능력과 예측 가능성을 가져라.

4. 사회적 지원(친구와의 네트워크, 커뮤니티)이 스트레스를 경감시킨다.

5. 욕구불만을 해소할 방도(노래방, 영화감상, 운동, 하소연)를 찾고 정기적으로 실행하라.

6. 알맞은 때에 알맞은 전략을 구사하라.
좋은 일은 스스로의 노력에 의해, 나쁜 일은 영향력 밖에서 일어났으며

> 보너스 3

제한적이고 일시적인 영향력을 갖는다고 생각하라.

7. 싸움을 선택하는 지혜를 가져라.
   때로는 벽을 넘어뜨려버릴 기세로, 때로는 강한 바람에 누웠다가 다시 일어서는 풀처럼, 싸움에 선택적으로 대응하라.

스트레스와 음식

예민한 상태 : 단백질을 먼저 축적해둔다
기운이 없다 : 복합탄수화물을 먹어라
슬프고 무언가 덮칠 듯한 기분 : 오트밀 한 그릇, 통밀 토스트를 먹은 지 30분 후 계란, 요거트 등 단백질 섭취
긴장되는 날(시험일) : 머리를 써야 하므로 계란·고기·치즈 등 단백질이 포함된 아침식사 후 복합탄수화물 섭취

– 주디스 워트먼(하버드대 트라이어드 체중관리센터장)
『여자, 스트레스에 마침표를 찍다』, 데비 맨델, 2011 재인용

시간은 흐르는 게 아니라 넘실대며 온다

Q 당신은 다음 중 어떤 표현을 자주 사용하십니까?

① 어휴! 하루가 쏜살같이 지나가 버렸네

② 와우! 또 새로운 하루가 열렸네

우리시대 가장 주된 관심사는 무엇일까.

검색포털 구글에 의하면 '성性(sex)'과 '시간'에 관련된 사이트가 가장 많고, 검색어 순위도 높다고 한다.

시간과 성은 인생을 이루는 가장 중요한 요소이기도 하다. 이 둘 사이에는 특별한 공통점이 있다.

한 사람이 강물 앞에 서 있습니다.

흐르는 강물에게 말을 건넵니다.

"뭐가 바빠서 그렇게 열심히 흘러가니?"

"흘러가냐고? 아냐 그렇게 보이는거야. 나 흘러오고 있는거야."

"흘러온다고?"

"나 춤추면서 오는거야. 그런데 사람들은 나를 흘러간다고 이야기해"

사람들은 '속절없이 강물이 흘러간다'고 말한다. 하지만, 강물은 저 멀리서 내가 서 있는 곳으로 흘러오는 것이기도 하다. 사람들은 '시간이 쏜살같이 흘러갔다'고 말한다. 하지만 강물이 그러하듯 나로부터 '시간이 가는 것이 아니라 시간이 오는 것'이다. 아침에 눈을 뜨면 24시간이 쏜살같이 달려와 당신 앞에 서 있다. 시간은 매일 당신에게 달려오고 있다.

가는 것은 내가 통제할 수 없는 것이며 사라지는 것이다.
오는 것은 내가 준비하고 기다리는 것이며 관리가 가능하다.
'간다'와 '온다'의 차이는 이렇게 엄청나다. 시간이 매일 당신에게 온다고 생각해보자. 아침이 매일 설레일 것이다. 또 어떻게 마중나갈지, 그 만남을 무엇으로 채울지 고민하기 시작할 것이다.

가는 것은 오는 것이요, 오는 것은 가는 것이다. 오는 것을 바라볼지 가는 것을 바라볼지는 자신의 몫이다.

강물은 또 이런 이야기도 해주었다.
"그런데, 너 그거 아니? 나는 어제의 내가 아냐. 매일 다른 물이었어."

한강은 한강이요 낙동강은 낙동강이라. 머릿속에서 강은 항상 하나의 이름 아래 하나의 대상이다. 허나 그 실체를 보면, 매일 다른 물이 산골짜기에 흘러오고 있으니 하루도 같은 물이었던 적이 없다. 이 이치는 사람에게도 마찬가지이다.

사람도 매일 조금씩 모습이 달라진다. 세포는 7년이면 새것으로 바뀐다고 한다. 몸 뿐 아니라 마음도 변한다. 어제 없었던 꿈을 오늘은 품게 되었는지도 모른다. 매일 아침 보는 부스스한 아내의 모습조차도 매일 같지 않다. 어제의 나와 오늘의 나는 다르듯이. 어제의 아내와 오늘의 아내는 다르다.

첫 경험의 짜릿하고 강렬한 느낌을 기억하는가?

처음 일어선 아이의 표정, 난생 처음 자전거를 타던 날 하늘을 나는 듯 해 환호성을 질러대던 일, 설레임으로 심장이 터질 듯 하던 미칠듯 뜨거웠던 첫 사랑. 사랑을 얻기 위해 하염없이 그 집 앞에 서 있었던 막막한 기다림, 처음으로 입을 맞추었을 때 에덴 동산으로 두둥실 떠가는 듯 했던 느낌. 첫 월급봉투를 받고 드디어 나도 남들처럼 살게 되었구나 하는 벅차고 뿌듯했던 일. 내 유전자를 나누어 가진 첫 아이가 세상에 나왔을 때의 애틋한 신비로움. 돌아보니 지난 세월은 처음의 환희가 가득했다. 그 '처음'이 열 번이 되고, 백번쯤 되면 '하던 대로 사는 인생'이 된다. 어제와 같은 커피, 그제와 같은 눈빛, 십년 째 같은 밥상, 삼십 년째 같은 마누라, 오년 째 같은 통장 잔액 따위들…

사람들은 처음의 황홀함을 잊지 못해 새로운 대상을 찾아 떠나는 바람둥이로 살거나, 일부일처가 팔자려니 감정이 무디어진 시체처럼 살기도 한다. 하지만, 이렇게 생각해보던 어떨까. 내가 어제의 내가 아니듯 마누라도 어제의 마누라가 아니다. 그러므로 나는 매일 새로운 마누라와 첫 키스를 한다.

사는 일이 데자뷰 같다?

Ctrl+C와 Ctrl+V

복사하기와 붙여넣기를 뜻하는 단축키이다. 어느 지루한 날엔 평생 이 두 개의 단축기로 이뤄진 것이 아닐까 싶기도 하다. 월요일을 복사하기 해서 화요일에 붙이고, 수요일에 붙이고… 금요일까지 붙이면 일주일이 완성된다. 3년 전 마누라와의 키스를 복사하기 해서 오늘밤에 붙여놓아도 별 차이가 없다면, 참으로 지루하니 정말 슬픈 우리 인생이다.

데자뷰$^{deja\ vu}$란 말이 있다. 처음 본 대상인데 이전에 보았다는 느낌을 받는 현상을 의미한다. 우리의 마음은 이 데자뷰에 정복당하기도 한다. 매일 새로운 날을 사는데도 어제 같기도 하고 그제 같기도 하다. 그날이 그날 같고 내일도 그날 같을 것 같다. 이렇게 데자뷰의 노예가 되면 자연스레 감성은 죽어나간다. 목숨 걸고 새로운 땅을 찾아 떠나야 한다.

데자뷰를 극복하려면 매일 만나는 사람, 매일 하는 일을 마치 처음 보는 듯, 동지 섣달 꽃 본 듯 반갑게 맞이하는 것이 필요하다. 가끔 술자리에서 건배사를 권유받으면 부자되는 법을 알려주겠다고 소개하고 데자뷰 이야기를 꺼낸다. "정말 지루한 인생 아닙니까? 데자뷰를 극복해야 삽니다. 그리고 부자도 될 수 있습니다. 데자뷰를 거꾸로 하면 뭐가 되죠? 부자돼$^{(부자데)}$~가 됩니다. 다 같이 부자돼 삼창을 외쳐봅시다."

데자뷰를 극복하는 것이 어렵다면 작은 도전이 시발점이 될 수도 있다. 언제 써먹을까 싶은 엉뚱한 것도 좋다. 아랍어 배우기, 3달 안에 베토벤 전곡 마스터하기, 오페라 감상하기, … 흥미가 느껴지고 미션을 완성하는 쾌감이 있는 도전을 해보자. 무엇이든 저변은 통하게 되어있으니 해봐야 쓸모없는 도전은 결단코 없다. 그러니 부디 도전하자. 항상 새로운 도전을 하지 않으면, 생이 끝나

갈 때 컴퓨터 모니터나 푸른색 파티션 같은 지루한 장면만 기억날지도 모른다.

　태초에 시간이 처음 열리던 날의 설렘, 처음 만나는 사람에 대한 기대의 설렘, 사물을 처음 대할 때의 설렘, 그런 설렘이 많다면 행복한 사람이 아니겠는가, 그런 사람이 부자가 아니겠는가?

지루한 삶의 탈피, 춤으로 하루를 연다

Q 뭐! 신나는 일 없어요?

어느 날 공원산책을 하는데 벤치에 참으로 평온한 표정의 노인이 앉아계셨다.

남다른 기운이 넘치기에 용기를 내어 말을 걸었다.

"어르신, 오래 살아보시니 인생이 어떻더라⋯ 혹시 뭐 그런게 있습니까?"

2~3초 생각한 노인은 퉁명스레 대답해주었다.

"인생은 지루함과의 싸움이지. 내가 지금 아흔이 넘었는데, 사는게 아주 지루했어. 댁도 지루해 미치겠지? 누가 날 좀 재미있게 해줬으면 좋겠지? 그렇게 불평하다보면 아흔이야. 암튼, 인생은 지루한거야."

거창한 설법은 아니었지만, 그 솔직함에 어쩐지 유쾌해졌다. 인생은 본래 지루하다고 생각하니 일견 속이 편해진 것이다. 현실을 인정하고 나면 그곳에서 발을 빼기 쉬워진다. '내 인생이 왜 이렇게 지루한가' 란 질문은 접어두고, '어떻게 탈출할 것인가' 에 대해 집중하기 시작했다. 그래서 난 아침에 가벼운 춤으로 하루를 시작한다.

아침 의식

1. "고마워" 라는 말을 리듬에 맞춰 12번씩 외친다. 그러면 점점 고마운 일이 생각나게 된다. 10번 정도 고마워라고 외치다 보면 미워하던 사람조차 고맙게 느껴지는 강력한 힘이 생긴다. 그리고 오늘 만날 사람과 일에 미리 고마운 마음도 든다. 그러다보면 기적처럼 고마운 일이 생겨난다.

2. "신난다" 라는 말을 리듬에 맞춰 손뼉치며 12번씩 외친다. 신神이 나면 평소에 자기가 갖고 있는 능력보다 훨씬 더 많은 것을 발휘할 수 있다. 신과 통하는 순간을 향해, 신나는 순간을 향해 나아가라.

3. "잘한다" 라는 말을 리듬에 맞춰 12번씩 외친다. '우리 새끼 잘한다' 란 말은 나를 성장하게 한 격려와 칭찬의 말이다. '잘한다' 는 '자란다' 와 발음이 같기도 하다. 자기 자신을 존중해주는

말이자, 남을 응원하는 말이며, 실력과 성과와 삶의 의미가 커가기를 기원하는 말이다.

4. 박장대소. 두 손으로 3 · 3 · 7 리듬을 만들어 거기에 맞춰 이마나 배를 두드리며 웃는다. 최대한 입을 크게 벌리고 매일 1분 이상 반복한다. '억지로라도 웃기'는 효과가 난다.

5. 만세 외치기. 만세는 정신적인 즐거움과 육체적인 기가 하나되어 서로의 기쁨을 나누는 감탄의 소리이다.

이 춤을 '성공과 행복을 위한 춤'이라고 부른다. 3년전부터 추고 있는데 정말 기적같은 일들이 벌어지기 시작했다. 이 단어들을 선택하는데 오랜 시간이 걸렸다. 몇 번의 변천과정을 거쳐 지금의 5가지 단어가 결정됐다. 이는 아이들이 자주쓰는 단어들이다. 에너지가 철철 넘쳐나는 단어들이다. 이 춤을 추고 있노라면 이유없이 신난다. 신나고 싶다면 이 춤을 적극 권한다. 서양의 댄스는 율동만 있다. 이 춤은 율동과 멘트가 있다. 몸과 마음 동시에 에너지를 넣어준다. 육체의 에너지와 정신의 에너지가 합쳐져 기적을 일으키는 춤이다. 한번 추어보아라

스마일의 징표를 여기저기 둔다

내집의 서재며, 화장실 등등 곳곳에는 스마일 스티커가 붙어 있

다. 뿐만 아니라 아름답게 웃고 있는 사람의 사진도 여기저기 붙여놓았다. 볼 때마다 기분이 좋고 자꾸 보다보면 내 입 모양도 그들을 닮아가리라 믿기 때문이다.

스위치가 있는 곳이면 여지없이 스마일 스티카가 붙어 있다. TV를 켜거나 전기를 켜거나 냉장고문을 열거나 무엇을 하든 거기에는 스마일이 있다. 누군가 종교가 무엇이냐고 물으면 난 스마일이라고 서슴없이 대답한다. S-LINE보다 더 섹시한 말이 S-MILE이라는 것을 잘 알고 있기 때문이다. 그 스마일의 누적시간이 내가 삶을 잘 살았는지 못살았는지 평가하는 지표가 될 것이다.

오늘도 S-MILE이다.

임산부들은 예쁜 아기 사진을 냉장고 문 앞에 붙여둔다. 자꾸 바라보면 그 기운이 아기에게 전달돼 예쁜 아기를 낳게 된다는 속설 때문이다. '바다를 보면 바다를 닮고 / 나무를 보면 나무를 닮고 / 모두 자신이 바라보는 걸 닮아간다….'는 신현림의 〈바다를 보면 바다를 닮고〉 중의 시구를 좋아한다. 사람은 자신이 바라보고 동경하는 대상을 닮게 된다.

웃는 얼굴을 가지고 싶다면 웃는 사람의 사진을
강해지고 싶다면 카리스마 있는 거물의 사진을
부자가 되고 싶다면 부富를 쌓은 이들의 사진을

곳곳에 배치해보자. 그 이미지가 꿈을 이루는 데에 도움이 될 것이다.

이만 닦는게 아니라
마음도 닦는다

Q 하루 세 번 이 닦는 시간, 무슨 생각을 하시나요?

우리는 유독 이를 공들여 닦는다. 눈도 귀도 때 맞춰 씻고 살피는 법이 없는데 특별 대접을 받는 셈이다. 3·3 원칙이라고 해서 하루 세 번 3분 이상 닦으라느니, 너무 거세게 닦으면 잇몸이 상하고, 앞니는 위아래로, 어금니는 둥글게 등등 닦는 방향까지 사람들로 하여금 고민하게 한다. 여기에 매일 정기적으로 발생하는 이 닦은 시간이 아까워 이때의 시간을 적극 활용하기도 한다. 예를 들어 영어단어를 하나씩 외우거나 명화 한 장을 감상하는 식인데, 하루 3번 365일이면 총 1,095회 이 닦는 시간이 찾아오니 활용하기에 따라 금싸라기 시간이 될 수도 있다.

나는 하루에 세 번 이를 닦으며 말을 하루 세 번 닦는다. 이 닦

는 시간은 내게 말을 닦는 시간이다. 이만 닦는 것이 아니라 혀도 닦고, 함께 말도 닦는다. 생각의 마지막 출구는 입이다. 말은 생각의 최종공정으로 결국 여기서 판가름이 난다. 말이 입안에 있을 때는 내가 말을 통제하지만, 말이 입 밖에 나오면 말이 나를 지배한다.

매일 입에서 향기로운 말이 나올 수 있도록 말을 닦아본다. 혀를 닦으면서 어떻게 하면 내 말이 혀처럼 부드러워질까 고민한다. 잡생각이 남아있는 부분을 생각하며 구석구석 깨끗이 닦아낸다.

나는 이를 닦으면서 내 언어를 닦고 내 생각을 닦는다. 그리고 기원한다. 내 입에서 나오는 단어가 청량했으면 좋겠다. 반짝반짝 빛이 났으면 좋겠다. 하루 세 번 말을 닦고 나니 확실히 말을 조심하게 되고, 고르고 골라 내뱉게 되니 말실수가 줄었다. 말을 닦다 보면 마음까지 닦게 된다. 이제 치아만 닦지 말고 다른 것들을 닦아보자. '하루 세 번, 삼분'의 마법은 강력하다.

사람은 말을 하고
말은 사람을 만든다

Q 우연히 뱉은 말이 인생을 바꾼 경험이 있습니까?

회사에서 워크숍을 갔다. 자기 꿈에 대한 이야기를 하는 시간이 있었다. 고민 끝에 내 평생 화두인 '어린왕자'에 대한 이야기를 했다. 신나게 어린왕자 이야기를 하다보니 흥이 나서 '이 기회에 어린왕자에 대한 책을 써보고 싶다'는 준비되지 않은 말을 하게 되었다.

말을 뱉고 나니 조직의 리더로서 뭔가 보여줘야 하지 않겠는가. 판이 벌어진 김에 본격적으로 달려들었다. 어린왕자에 대한 자료를 모았고, 한동안 어린왕자에 미쳐 살았다. 그 결과물이 책으로 엮어졌고, 나는 평생 소원대로 『어린왕자, 멘토를 만나다』라는 책을 출간하게 되었다.

살다보면 무심코 뱉은 말 한마디가 운명을 바꾸기도 한다. 술김에 좋아한다고 말하고 나니, 정말 감정이 깊어지기도 하고 폼 잡으려고 뱉은 다짐이 새로운 세계로 이끌기도 한다.

'말이 씨가 된다'는 속담은 이러한 언어의 주술성에 대한 가장 유명한 말일 것이다. '바라기만 하면 이뤄진다'는 메시지의 책 『시크릿』의 화두가 최근 몇 년간 회자되었지만, 사실 고대에는 불행이나 재해를 막거나 원하는 것을 이루려고 할 때, 인간은 언어나 그림을 통해 그 욕망을 한 데 모아 왔다. 바라면 이루어진다는 믿음은 인간의 가장 오랜 철학인 셈이다. 굿판에 사용되는 무당의 언어가 그러했고, 제수행위의 모든 노래와 시가 그러했다. 말이 씨가 된다는 것은 사기가 아니다. 인류의 오랜 경험에서 비롯된 삶의 진리이다.

『아들아, 머뭇거리기엔 인생이 너무 짧다』의 저자 강헌구 교수^{비전리더십센터}는 자타가 공인하는 비전 전문가이다. 그가 자주 인용하는 사례를 빌려 소개한다.

> 1953년 미국 예일대 졸업자들의 20년 후의 모습을 조사해보니, 3%는 시대의 리더로, 10%는 자유롭게 누리며, 60%는 생계만 유지하며, 나머지 27%는 남에게 의지하며 살고 있었다. 무엇에서 이런 차이가 기인했을까? 물려받은 재산, 부모의 학력 등의

요소가 먼저 떠오르지만, 다름 아닌 '비전'의 차이였다고 한다. 이들 인생을 좌지우지한 것은 '비전의 차이'였다. 3%는 '글로 쓴 구체적인 비전'을 가지고 있었고, 10%는 마음 속의 비전을 가지고 있었으며, 나머지 87%는 비전 없이 살았다.

비전스쿨의 벽면에는 비전스쿨의 비전을 중심으로 전직원의 비전이 적혀있는데 매일 15번 적기를 실천하고 있다고 한다. 이 방법은 하루에 15번씩 비전을 적는 방법으로 꿈을 이룬 미국의 세계적인 만화가 스콧 애덤스가 실천한 방법이다.

"구체적인 비전은 구체적인 결과를 가져온다. 그러나 막연한 생각은 막연한 결과를 가져오는 것이 아니라 아무 것도 가져오지 않는다." 이것이 강교수가 강조하는 비전에 대한 메시지이다.

마음을 그림으로 그려라

Q 당신이 이루고 싶은 목표가 있습니까?
　　당신의 목표를 어떤 형식에 담아 표현했습니까?
　　① 그냥 결심만 했다
　　② 결심한 날, 일기장에 글로 기록했다.
　　③ 관련된 사진을 책상 앞에 붙여두었다.
　　④ 구체적인 실행계획과 필요한 것들을 이미지화해 놓았다.

　2007년 최고의 베스트셀러『시크릿』의 메시지는 간단하다. '인간으로서 우리가 할일은 원하는 대상을 집중하여 생각하고, 그 대상이 어떠해야 하는지 아주 명확하게 결정하기만 하면 된다'는 것이다. 그러기만 하면 어떤 꿈이든 이뤄진다는 것이 상위 1% 부자들만이 아는 시크릿이다. 여기서 주목해야할 것은 '명확하게' 결정해서 '집중해서' 생각하라는 대목이다. 도대체 어떤 방식으로 꿈을 꿔야 하는 걸까?

꿈을 이루기 위해 우리는 수도 없이 결심한다. 그런데, 대다수 사람들의 결심은 작심삼일로 잊혀진다. 결심이 자주 실패로 돌아간다면 이제 결심하기에서 한발 나아가자. '결심하다' 라는 단어를 '결심을 그리다' 라는 단어로 바꾸어보자.

오늘 결심했다면 곧바로 그 결심을 그려보자. 결심을 그리면 더 선명해지고 강렬해진다. 대표적인 두 가지 방법을 살펴보자.

1. 운동선수들에게 널리 알려진 '이미지 트레이닝'을 주기적으로 반복해서 한다. 운동선수들은 큰 경기를 앞두고 전날 밤에 가만히 누워서 이미지로 경기를 해본다고 한다. 골퍼라면 티샷은 이렇게 하고 벙커에 빠지면 이런 표정을 지은 후 어떻게 대처하고 퍼팅은 어떻게 하고… 1홀부터 18홀까지 차근차근 홀의 이미지와 자신의 플레이를 구체화시킨다.

결심이 작은 것이든 큰 것이든 이미지 트레이닝은 큰 도움이 된다. 눈을 감고 꿈을 구체화시켜보자. 100평짜리 전원주택에서 살고 싶다면 방이 몇 개인지, 부엌은 어떤 모습인지, 정원수 하나하나 심어보자. 최고의 작가가 꿈이라면 꿈꾸는 성취의 순간을 반복해서 그려보자. 내가 최고의 작가가 되었다면 어떤 표정을 하고 어떤 옷을 입고 다닐까. 어떤 사람들과 어울리게 될까. 그 때 내

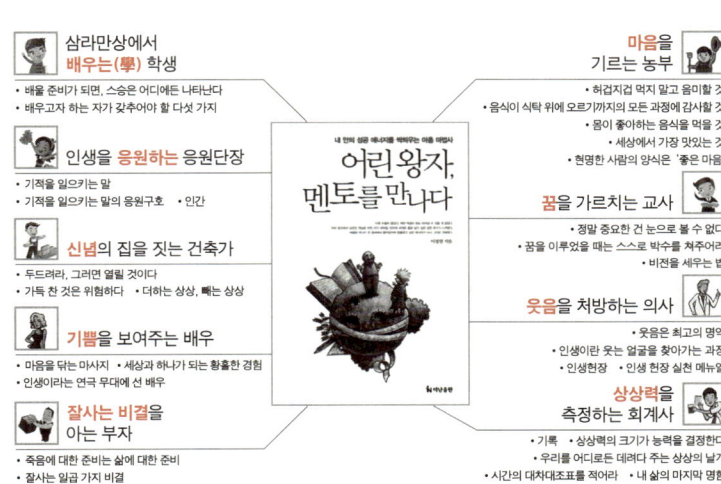

※ 위의 마인드맵은 심테크시스템(주)의 정영교 대표가 개발한 씽크와이즈라는 소프트웨어를 이용하여 만든 것이다.

책은 몇 권쯤일까. 무엇에 대한 책일까. 끊임없이 반복해서 구체화시키자. 머릿속에 그려보는 것도 좋고, 실제로 그림을 그리거나 관련된 사진을 꿈의 보드에 모아두어도 좋다. 이렇게 꿈을 반복적으로 그리다보면, 당신의 무의식이 저절로 그 꿈에 데려가준다는 것이 『시크릿』을 비롯한 이미지 트레이닝에 관련된 책들의 주장이다.

2. 아이디어를 시각화하는 도구인 마인드 맵도 도움이 된다. 마인드 맵은 영국의 심리학자 토니 부잔이 만들어낸 말 그대로 '생

각의 지도'이다. 그는 문장으로 기록하는 습관은 오히려 시야가 좁아지고 종합적 사고를 막는다고 주장했다. 글보다는 핵심어를 바탕으로 거미줄처럼 생각이 가지쳐 나가는 것을 그리는 마인드 맵을 활용하라고 조언했는데, 특히 기획 일을 하는 직장인들이 애용하고 있다. 아이디어를 가시화하고 체계화하는데 효과적이어서 자신의 꿈 역시 마인드 맵으로 표현하면 구체화되고 실행계획을 세우는 데 큰 도움을 얻을 수 있다.

꿈을 당겨보면
현실이 된다

Q 하루에 한번 망원경을 꺼내보세요. 그리고 먼 미래를 당겨서 천천히 구경해보세요. 무엇이 보이나요?

피터 드러커는 '이미 일어난 미래 the future that had happened already'라는 용어를 사용했다. 이미 일어난 현실을 바탕으로 미래를 앞서 전망할 수 있다는 것이다. 그에게는 특별한 그만의 현미경과 망원경이 있는 모양이다. 현실에서 쉽게 지나칠 만한 것들을 현미경으로 잡아내고, 그걸 단서로 망원경으로 먼 미래를 당겨보는 능력이 있는 셈이다.

나의 먼 미래도 역시 현실을 통해 바라볼 수 있다. 당신의 오른쪽 주머니에 손을 넣어보면 '꿈의 망원경' 하나가 들어있을 것이다. (상상해보라) 먼저 내가 처한 현실에 대해서 생각해보는 것이

1단계이다. 다음으로 당신의 꿈을 그려보라. 소설가일 수도 있고, 그룹의 회장일 수도 있을 것이다. 회사의 CEO를 꿈꾼다면 꿈의 망원경으로 간판을 보고, 당신의 집무실을 보고 어떤 책이 꽂혀 있는지 보라. 책상 위에 놓인 결제서류도 꼼꼼히 구경하라. 망원경으로 멀리 있는 미래를 수시로 당겨서 바라보자. 그래서 '꿈을 꾼다' 는 것은 '미리 당겨보는' 일이기도 하다.

하루에 한 번은 망원경으로 미래를 당겨보자. 어떤 모습이 보일까? 아침에는 1년 후의 미래를 당겨보고 저녁에는 20년 후의 미래도 망원렌즈로 당겨볼 수 있다. 이것은 꿈을 시각화하는 작업이다. 가능하면 오래, 자세히, 이미지를 관찰하라. 망원렌즈를 들여다보는 것만으로도 당신의 무의식은 재빨리 분석하고 청사진을 그려낸다.

이루어진 꿈은 이미 꿈이 아니다. 먹은 빵은 더 이상 빵이 아니다. 꿈은 허황되게 느껴질 만큼 큰 꿈을 꾸자. 꿈꾸는데 세금은 없다. 꿈은 클수록 그 자체가 더 큰 에너지를 만든다. 자신이 도저히 감당하기 어려울 만큼 큰 꿈을 꾸자. 꿈을 꾸는 것은 나의 몫이요, 꿈을 이루는 것은 신의 몫이다.

멀리 보면 아름답다

Q 지금의 고민이 10년 후에도 존재할까?

멀리 보는 풍경이 아름답다는 말이 있다.

가까운 현실을 보면 흠도 보이고 균열이 간 곳도 보인다. 맘 먹고 자세히 바라보면 실망할 것 투성이다. 사람도 그렇고 일도 그렇다. 하지만, 근시안적 관점에서 실망하고 가치를 몰라봤다가 큰 기회를 놓치는 일이 얼마나 많은가?

면접을 볼 때 총명해보이던 사람이 한두 달 일해 보니 영 잘못 뽑았다 싶을 때가 있다. 그럴 때는 섣불리 재단하고 평가하기 보다는 멀리 보는 눈이 필요하다. 멀리 봤을 때 인재로 성장할 가능성이 있는지 꼼꼼히 따져보고 도와주자. 가까이 보면 거칠고 흠투성이었지만, 기다려주기만 하면 크게 성장할 재목이 의외로 많이 있다.

멀리 보면 일단 눈이 편하다. 마음도 편하다. 우리는 자꾸 멀리 보는 버릇이 필요하다. 얻는 것이 그만큼 많기 때문이다. 멀리 보면 작은 문제도 쉽게 해결되고, 큰 문제도 작게 볼 수 있다.

높이 나는 갈매기가 멀리 본다는 말이 있다. 멀리 보아야 높이 날 수 있다. 추억이 아름다운 것은 멀리 있기 때문이다. 시간적으로 공간적으로 멀리 두면 아름다워진다. 눈앞의 일이 힘들다 해도 멀리 보면 힘이 생긴다. 주다의 미래형이 받다라는 말이 있듯이 힘들다의 미래형은 힘이 들어온다이다. 지금의 고통을 이겨내는 방법은 멀리 보는 것이다. 시선을 멀리 두면 피로를 잊게 한다. 마음도 미래에 초점을 두면 힘이 난다.

멀리 보는 사람, 가까이 보는 사람

멀리 보는 사람은 풍요로워질 것이다
가까이 보는 사람은 빈곤해질 것이다
멀리 보는 사람은 100년 후를 위해 삼나무를 심는다
가을에 결실을 거둘 것을 알고
봄에 씨를 뿌리니, 곧 풍요로워질 것이다.
가까이 보는 사람은 가을에 결실을 보기에는
아직 시간이 많다 하여 봄에 씨를 뿌리지 않는다

눈 앞의 이익에 눈이 어두워

나무를 심지 않고 거두는 일에만 몰두하니

곧 빈곤해질 것이다

- 니노미아 손토쿠(일본, 농정가이자 실천적 사상가)

재미 없는 게 아니라
목표가 없는 거다

Q 당신의 눈동자는 지금 동그랗습니까?

지금 거울 앞으로 가 당신의 눈을 바라보라. 눈동자에 총기가 있는가. 검고 크고 또렷한가? 잘 살고 있는 사람과 욕구불만의 사람은 눈동자부터 다르다. 목표가 있는 사람은 정말 눈이 동그랗다.

일상생활이 단조롭다. 너무나 무미건조하다. 심심하다… 는 이야기를 입에 달고 사는 사람이 있다. '단조롭다' 는 것의 진짜 의미는 '목표가 없다' 는 것이다. 사는게 단조로운 사람은 시간을 죽이거나 때운다. 반면 목표가 있는 사람은 매 순간이 목표를 향해 가는 성취의 시간이기 때문에 살아가는 일이 무미건조할 새가 없다.

한때 이런 생각을 한 적도 있다. '내 의지대로 시작한 삶도 아닌데 무슨 목표를 세워? 바람 따라 흘러가면 되지. 어차피 내 의지대로 되는 것도 아니잖아.' 그때 나는 아무 것도 시작하고 싶지 않았다. 세상과 나에 대한 실망감이 커서 손발을 움직이기도 귀찮았다. 나는 더 이상 실패하고 싶지 않았고, 내 꿈이 꺾이는 것을 경험하고 싶지 않았다. 사는 일이 무미건조하고 지루했던 시기이다.

'지루함', '무의미함'과 '목표 없음'은 서로를 잡아당기며 악순환의 고리를 만든다. 사는 게 무의미하다 보니 절로 게을러져서 목표를 세울 에너지가 사라지고, 목표가 없으니 사는 게 그리 지루할 수 없다.

자! 한 번 크게 외쳐보자. 이제 좀 달라져보자. 이제 어떤 목표를 세워야 할까? 세상에 '자네 꿈은 뭔가?'처럼 어려운 질문은 없다. 내 꿈은 무엇인가. 내 목표는 무엇인가. 이 질문 앞에서 막막해진다면, 목표나 비전이라는 단어를 좀 만만하게 보는 마음가짐이 필요하다.

큰 목표만 목표가 아니다. 작은 목표를 잘게 쪼개서 세우고 그것을 달성했을 때의 쾌감을 즐겨라. '한 달 동안 밥을 한 숟가락 덜 먹기' '6달 동안 일주일에 세 번 이상 산책하기' '한 달간 신문기사 하루에 하나 스크랩하기'처럼 의지력만 있다면 해낼 수 있는 작은 목표를 세워보자. 이때 목표는 반드시 기간도 정해져 있어야 한다. '영어 단어 열심히 외우기' 같은 목표는 결국 흐지부지 되기 마련이다. 끝이 정해져있지 않으니 내키는 만큼만 하다가 그만두게 되기 때문이다. 1주일, 1달, 3달… 기간을 정해놓고 그 기간동안 목표를 이뤘다면 스스로를 칭찬해주고 성취감을 맘껏 느껴보자. 그 성취감이 삶의 무미건조함을 이겨내는 출발선이 될 것이다.

 꿈을 꾸는 법에는 두 가지가 있다. 한 가지는 작은 목표를 세우고 성취감을 느끼며 사는 것이다. 작은 목표는 일견 보잘것 없어 보이지만, 그 한 걸음이 앞으로 나아가게 해서 결국 보이지 않던 길이 보이고 산봉우리를 만나게 된다. '한 걸음만'을 외치며 걷다 보면 바다까지 이르게 된다.
 두 번째 꿈꾸는 방법은 현재 감당하기 어렵고 허황된 꿈을 꾸는 것이다. 세계적인 베스트셀러 『시크릿』도 결국 같은 맥락의 이야기를 하고 있다. 아무리 허황된 꿈일지라도, 믿기만 하면 그 꿈에 현재가 저절로 맞춰져 나도 모르게 그 꿈을 이뤄가게 된다는 것이다. 작은 목표들로 성취감을 느끼면서 허황될 정도로 큰 꿈을 가슴에 품고 살아보자. 인간의 시야는 기껏해야 2킬로미터 정도이다. 당신이 정말 무엇을 이룰 수 있는지, 현재 서 있는 곳에서 보이지 않는 것은 너무나 당연하다. 당신이 상상한 그 이상을 이룰 수 있을 것이다.
 눈을 동그랗게 떠라. 그러면 에너지가 모이고 열정이 불타오르기 시작한다. 눈동자에 점이 잡힌다는 것은 목표가 보인다는 것이다.

행복을 찾지 말고
행복을 보아라

Q '행복하다'와 가장 유사한 말은?

① 어딘가 있는 행복을 찾다

② 행복을 만들어 나가다

③ 행복은 심리적 착오상태이다

④ 이미 있는 행복을 보다

최근 자료에 따르면 한국 사람의 행복지수는 OECD국가 34개국 중 26위라고 한다. GDP가 10위권인 것을 감안하면 딱히 좋은 성적이라 할 수 없다. 흥미로운 것은 전세계 국가를 대상으로 한 행복지수 조사에서는 최대 빈국인 방글라데시가 종종 1위를 차지한다는 것이다. 정치적으로도 경제적으로도 낙후된 나라가 가장 행복한 나라라니, 적어도 행복은 GDP순이 아니라는 사실만은 분명하다.

우리는 언제 만족감을 느끼는가?

월급이 많이 나오거나 진급을 할 때, 사람들의 찬사를 받을 때, 사랑하는 사람과 함께 할 때, 맛있는 음식을 먹을 때… 누구나 행복해할 만한 객관적인 행복들을 떠올려본다. 하여 사람들은 행복의 조건을 정리하기도 한다. 부·명예·건강·여유… 이런 것들이 행복과 무관하다고 할 수는 없지만 정확히 표현하면 행복의 조건이라기 보다는 수 많은 요인 중 하나일 뿐이다. 사실 행복은 다른 방식으로 찾아야한다.

행복은 '그냥 존재하는 것'이다. 어느 장소 어느 때나 늘 있는데, 그것을 발견하고 즐길 여유가 없는 것이다. 따라서 '행복하다'는 말은 '행복을 발견했어', '행복을 보았어'라고 바꿔야 정확한 표현이 된다. 혹시 반발심이 생길지도 모르겠다. '당장 생활비가 모자라는데 어떻게 행복하죠?', '몸이 아픈데 어떻게 행복하죠?', '직장생활이 적성에 안맞는데 어떻게 행븍하죠?'

누구에게나 불행할 이유는 있다. 하지만 마찬가지로 누구에게나 행복할 이유도 있다. 팔다리가 없는 구족화가 앨리슨 래퍼는 그녀의 자서전에서 이런 이야기를 했다. "내가 행복하지 못할 이유는 없다." 팔다리가 없는 그녀도 행복하지 못할 이유가 없다고 했는데, 당신이라고 행복하지 못할 이유는 없지 않겠는가?

'행복하다'가 '행복을 발견하다'의 동의어라면, 이제 행복해지고 싶은 당신은 숨은 보물찾기처럼 행복을 찾아내기만 하면 된다. 나는 행복을 느끼는 능력과 연관된 가장 중요한 자질은 '고마움을 느끼는 능력'이 아닐까 생각한다. 많은 성취를 이뤘지만 행복하지 않은 사람을 우리는 흔히 볼 수 있다. 마치 GDP는 높아도 행복지수가 낮은 국가처럼 말이다. 그가 행복하지 않은 이유는 고마움을 느끼는 능력이 부족하기 때문이다. 성취는 중요하지만 행복과는 다른 영역이다. 행복해지려면 따로 노력해야 한다. 행복을 발견하는 능력을 키워야 한다.

우리는 마음먹은 만큼 행복해진다. - 에이브라함 링컨

누가 부자인가?

Q 당신이 생각하는 부자를 정의해보세요.

얼마 전 한 취업포털사이트에서 부와 재테크에 대한 설문 조사를 실시했다. '당신이 생각하는 부자는?' 이란 부자의 기준에 대한 항목도 있었는데, 대한민국 보통사람들의 대답은 '대략 10억 이상의 자산을 가진 사람' 이었다고 한다. 당신에게 10억은 어떤 돈인가? 내 상식으로는 평범한 직장인이 쉽게 모을 수 있는 돈은 아니다. 그렇다고 10억만 있으면 떵떵거리고 살겠다 싶은 액수도 아니다. 딱히 내 모든 것을 바쳐 매달릴 정도로 풍요롭지도 않으면서 쉽게 다다를 수도 없는 '부자' 의 기준이 우리의 통념 속에 존재한다.

정말 어떤 사람이 부자일까? 부富를 우리는 소유의 개념으로 접근하게 된다. 금융자산이 많다거나 비싼 집을 가지고 있다거나…
모두 소유의 개념이다. 하지만, 소유를 통한 욕망채우기의 한계를
우리는 너무나 잘 알고 싶다. 밑 빠진 독처럼 채우고 또 채워 넣어
도, 그래서 기진맥진할 때까지 매달려도 채워지지 않는 것이 소유
로 인한 만족감이다. 우리가 막연히 꿈꾸는 부자는 경제적으로,
또 생활면에서도 여유롭고 부족함이 없는 상태일 것이다. 이 안락
함은 꼭 소유를 통해서만 도달할 수 있는 것일까?

혹시 통용되는 부자의 개념이 잘못된 것은 아닐까? 재테크를
부추기는 금융회사들은 10억, 30억… 자산가들의 이야기를 쏟아
내고 우리는 그 속에 우리가 꿈꾸는 부의 완전체가 있다고 생각한
다. 하지만, 부자를 '더 이상 필요 없는 사람', '풍요가 주는 행복
감을 충분히 누리는 사람'이라고 재정의하고 생각해보면 이야기
가 달라진다. 어쩌면 부자는 많이 소유하고 있는 사람이 아니라
많이 이용한 사람, 많이 나누어준 사람일지도 모른다. 다시 말해
부는 이용한 것들의 축적, 나누어 준 것들의 축적이 아닐까.

영화를 1,500편쯤 보고 장면 하나하나 가슴 속에 담고 사는 사
람과 1,500편의 보지 않은 DVD를 소유하고 있는 사람 중 부자 한
명을 고르라면 당신은 누구를 선택하겠는가? 일주일에 한두 번은
꼭 도서관에 들러 신간을 훑어보는 사람과 화려한 서재를 소유하
고 있는 사람 중 누가 부자일까? 누가 더 풍요롭고, 누가 더 풍요
가 주는 행복을 맛보았을까?

우리는 부자를 소유의 개념으로 접근하면서, 소유를 위해 정신적 여유와 육체적 에너지를 지불하고 있다. 눈을 감고 당신이 진짜 원하는 부자의 모습을 그려보자. 분명 그 여유와 풍요는 '소유의 축적'에서 오는 것은 아닐 것이다. 이제 부자를 '이용의 축적', '향유의 축적', '나눔의 축적'으로 접근해 보자.

계획을 세우는 일은
실패를 완성하는 것

Q 큰 일을 도모할 때, 예를 들어 회사에서 대형 프로젝트를 준비하거나 오래 품었던 개인적인 비전을 추진해보려고 할 때 당신이 가장 먼저 하는 일은?

'모든 CEO는 허풍쟁이인가.'

중소기업진흥공단 서울본부장직에 있을 때 문득 든 생각이다. 중소기업의 사업계획서와 실제가 왜 이리 안맞지? 금년 매출은 얼마, 3년 후 매출은 얼마, 하는 추정치가 기재되어 있다. 그런데 이 수치가 정확히 맞은 적이 단 한 번도 없다. 오차가 이리도 크다면 예상 매출란이 왜 있는 것인가. 모든 CEO는 사기꾼인가 하는 생각이 절로 들었다.

거리를 다니다 보면 감탄을 자아낼 정도로 제 모습을 뽐내는 건물들이 보인다. 저 건물들은 아마 설계도대로 완성되었을 것이다. 분수나 나무 개수까지도 계획대로 진행되었을 것이다. 왜 건물들은 설계도대로 올라가는데, 제조업은 기획서대로 진행할 수 없는 걸까. 한동안 나의 화두였다.

따져보니 건축가들은 계획을 하는 것이 아니라 설계도를 그리고 조감도를 그린다. 조감도나 설계도는 완성된 모습에서 시작한다. 완성된 모습에서 역으로 끼워맞추니 이뤄지지 않을 리가 없는 것이다. 그래서 프로젝트 한다고 한다. pro-앞에 놓고 ject-밀어 넣는다는 것이다.

반면 기업에선 기획서에서 출발하여 시간 순으로 결과물이 쌓여간다. 결국 출발선의 약간의 오차도 결과물의 큰 차이를 가져온다.

'계획하다' 라는 단어를 '완성하다' 라는 말로 바꾸어보자. 목표를 완벽히 그려놓는 것이 항상 선행되어야한다. 그리고 그 꿈에 과정을 꼼꼼히 계획해서 맞추어보자. 사람 사는 일도 그렇다. 인생의 마지막을 그려놓고, 그에 현실을 맞추어보자.

말하지 말고
이야기를 들려줘라

Q 어떤 말하기 방식이 가장 호소력 있을까?

"사는 게 너무 힘들어."

"내가 이야기 하나 들려줄게. 고대 이스라엘 다윗왕은 늘 끼고 다닐 반지에 새길 문구를 솔로몬 왕에게 부탁했다더라. 황홀한 기쁨을 절제해주고 낙담했을 때 용기를 북돋워주는, 어려울 때나 잘될 때나 두루 쓸 수 있는 좋은 문구… 솔로몬이 생각해낸 문구가 'And this shall pass away^{이것 또한 지나가리니}'래. 기쁨도 슬픔도 모두 다 지나간다는 거지. 조금만 더 힘내"

어제 들은 말 중에 몇 퍼센트나 기억하는가? 말은 참 쉽게 잊혀진다. 사실 되는대로 쏟아지는 것이 말이기도 하다. 반면, 스토리로 이야기하면 재미있고, 오래 기억된다. 그 이유는 뇌는 단어로 기억하는 것이 아니라 이야기로 기억하기 때문이다. 짤막한 단어를 일일이 기억하기 힘드니 저절로 스토리를 만들어 저장한다고 한다. 그래서 마케팅에서조차 이야기로 유혹하는 스토리 마케팅이 인기를 끌어오고 있다.

리더이든 마케터이든 사람을 움직이려 하는 자에게 그래서 이야기는 강력한 무기가 된다. 중소기업 연수원장 시절, 나의 직무는 연수생들에게 꿈을 이룰 힘을 길러주는 것이라는 생각을 했었다. 마침 신기한 꿈을 꾼 것이 있어서 연수생들에게 이야기로 만들어 들려주었다.

제가 어느날 꿈을 꾸었습니다.
수염이 후덕한 할아버지가 나타나 '연수원에 아주 신성한 나무가 한 그루 있으니 그 나무를 잘 가꾸어보면 연수원에도 좋고, 연수생에게도 좋을 것이다' 라고 하더군요. 할아버지 인상이 워낙 신성하여 믿음이 갔습니다. 잠시 후 할아버지는 사라지고 할아버지 수염에 무지개빛이 남았습니다.
보시다시피, 연수원에 오래된 나무가 참 많이 있죠. 신성한 나무를 찾고자 연수원 가운데 앉아 주변을 살피는데, 느티나무 가지가 딱 일곱 개인 것이 보이더군요. 아, 그래서 할아버지 수염에 무지개 빛이 돌았구나. 바로 신성한 나무는 이 느티나무로

낙점되었습니다.

할어버지가 나에게 무슨 메시지를 남기려고 했을까. 나무를 가꾸며 매일 고민했고 나무의 이야기가 떠올랐습니다. 제목하여 '나무의 꿈'인데요.

나무가 꿈을 꾼다. 사람처럼 웃는 것이 꿈이다.

인간의 가장 아름다운 모습인 웃는 모습을 닮고 싶다.

그런데, 나무가 어떻게 웃을 수 있을까?

자, 우리가 이제 나무의 꿈을 간접적으로 이뤄줍시다. 느티나무 아래에서 박장대소 한번 해볼까요. 우리 웃음소리를 통해 간접적으로 꿈을 이룬 느티나무는 인간의 소망을 이뤄준다고 합니다.

연수원에 온 이들은 그래서 느티나무 아래에서 박장대소 한번은 한다. 믿거나 말거나 그 보답으로 꿈이 이뤄진다는 덕담도 듣고 간다. 후에 연수원을 다녀간 사람마다, 주옥같은 강의는 다 잊어도 이 이야기만은 잊혀지지 않더라고 좋아했다. 그때 내가 연수원장이랍시고 몹시 좋은 썰을 풀었다 한들 잊혀졌을텐데, 이야기로 말하니 이처럼 오래 기억되었다.

그리고 외국 미얀마 갔을 때 그 사람들이 이런 이야기 하는 것 보고 깜짝 놀랐다. 나를 보더니 그 나무 이야기 하며 바로 그 사람이라고 하지 않던가 불과 한두번 스쳤는데 1년이 지났는데도 그는 나를 기억하고 있었다. 서당개 3년이면 강아지가 풍월을 읊는데 연수원에는 나무가 풍월을 읊는다.

야단치지 말고
상상하게 해라

Q 내 아이를 움직이는 최고의 기술은?

아이가 식당에서 난장치면 어떻게 하나?

대부분 "공공 장소에서는 얌전히 있어야지…" 운운하며 가르치지 않는가? 나 어렸을 때는 '호랑이 온다' '순사 온다' 가 엄마의 단골 멘트였다. 엄마가 호랑이 온다고 으름장을 놓으면 아이는 호랑이를 상상하기 시작한다. 어떻게 생겼지? 얼마나 무섭길래 엄마가 눈을 동그랗게 하고 겁나는 표정을 지을까. 상상의 나래가 시작된다. 결국 아이는 거짓말인 줄 알면서도 두려움이 생겨 엄마 말씀을 듣게 된다.

지식과 상상력이 겨루면 언제나 상상력이 이긴다. 위대한 업적은 언제나 상상에서 시작해왔다. 게다가 상상력은 오래 지속된다.

그래서 이성이나 지성을 키우는 것보다 상상력을 키우는 것이 중요하다. 상상력을 키우기 위해서는 상상력을 자극하는 이야기를 많이 들려주어야한다.

직원을 움직이게 하기 위해서도 상상력을 자극하는 것이 필요하다. 가장 강력한 -ship은 리더십이 아니라 상상력이라는 이메진십imagine-ship이다. 리더라면 상상력을 자극하는 능력을 고민해봐야한다. 누구의 지시나 명령에 의해 사람을 움직인다면 그 사람은 에너지가 소모되어 지치거나 피곤해 할 것이다. 반면 상상력에 의해 스스로 움직인다면 에너지를 더욱 증폭시킬 것이다. 같은 행동을 해도 에너지가 소모되는 행동이 있는가 하면 에너지를 만드는 행동이 있다.

스스로 상상하도록 질문을 던져라. 상상력을 자극할 수 있는 환경을 만들어라. 기존의 분위기와는 완전히 다른 세상에 와 있다는 착각을 일으킬 정도로 바꾸어라. 상상도 노력에 의해 이루어진다. 스스로 상상하고 스스로 결정하고 스스로 답한 것에 대하여는 스스로 책임을 진다. 자발적인 말은 책임감과 자긍심을 심어준다. 이는 보람이라는 선물도 함께 준다.

아인슈타인은 지식보다 상상력이 더 낫다라고 했다. 상상하는 것은 언젠가 이루어진다. 시간의 차이가 있을 뿐이다. 이미 이루어진 것으로 상상하라, 그러면 곧 이루어지리라.

뻥치면 뽕간다

Q 비전과 뻥의 유사점은?

기업의 직원 수는 CEO의 뻥의 크기와 비례한다고 생각한다. '뻥'이라는 표현을 썼지만, 이 경우 대체할 다른 말을 찾는다면 비전이 될 것이다.

기업이 향후 1~2년의 앞을 내다보기 어려울 정도로 어렵다 치자.

이때 CEO가 지금 상황이 너무 어렵다. 그러니 우선 조직의 군살을 빼고 모든 경비를 축소하는 비상경영체제에 돌입한다라고 직원을 설득했다고 하자. 이런 말을 들은 직원들은 가망이 없는 회사구나 하며 하나 둘 떠나기 시작할 것이다.

반면 같은 상황인데도 CEO가 이렇게 말했다. 지금 상황은 매우 어렵다. 하지만 미국과 추진하고 있는 수출계약이 성사만 되면 우리 회사는 또 한번 도약하는 기회가 올 것이다. 그때는 여러분에게 보너스 500%와 모든 직원에게 해외연수의 특전을 줄 것이다.

직원들은 비록 미국과 수출계약 가능성이 희박하다고 판단되어도 그냥 남아 일하게 될 것이다.

비전은 다른 말로 표현하면 지금보다 부풀린 것 즉 뻥이나 다름없다. 뻥은 호기심을 자극하기도 하고 재미를 준다. 뻥은 비전으로 가는 중간체이기도 하다. 액체가 기체로 기화하듯이 생각은 에너지가 되어 손에 잡히는 현실로 변한다. 뻥 역시 생각과 물질과의 중간체가 아닐까. 현실은 아니지만 현실이 아닌 것도 아니다. 손에 잡히지 않는 것도 아니고 잡히는 것도 아니다.

리더는 뻥이 있어야 한다. 현실이 아니어도 새로운 현실을 만들 에너지가 필요하다. 그러니 리더들은 비전이란 말이 무겁게 느껴진다면 뻥칠 궁리를 해보자. 뻥을 치면 사람들이 뿅 간다.

뻥 경연대회라도 한번 열어보자.

우리 회사 비전을 세워보라고 하면 힘들어 할 것이다. 10년 후 우리 회사가 어떻게 변해 있을지 뻥을 치라 해라. 재미있어 할 것이다. 부담 없이 즐길 것이다.

가만히 있으면 변화가 없다. 지루하다. 요즈음은 재미가 화두 아닌가. 뻥이라도 쳐야 변화가 일어나지 않겠는가. 방귀가 잦으면

똥이 나온다고 했다. 뻥도 자주 치다보면 현실이 된다.

　우리를 울게 하거나 웃게 하는 것은 현실보다는 뻥이 더 많다. 드라마나 영화도 알고 보면 뻥이다. 그 뻥에 울고 웃는다. 뻥인줄 뻔히 알면서도 다시 TV앞에 앉거나 영화관을 찾는다.

　최근 결혼 상대 선호도 조사를 보면 돈이나 학식이 높은 사람보다도 유머 있는 사람이 우선순위로 꼽히는 것을 종종 본다. 유머는 대부분 과장된 것이 많다. 과장된 것이 뻥이다. 우린 그런 사람을 일생동안 동거 동락을 함께 할 결혼상대로 선호한다.

　영화 〈해리포터〉는 현실성 없는 이야기들이 많이 나온다. 즉 뻥이 많다. 그럼에도 불구하고 이 영화로 벌어들이는 수입은 수만 명을 거느린 대기업보다도 많다.

　뻥을 잘 치는 사람에게 사람들이 모인다. 뻥을 잘 치는 기업에게 돈이 모인다. 고객은 왕이다. 고객은 신이다. 이 말 또한 뻥 아닐까?

　진정 고객이 왕이고 고객이 신이라면 제물이라도 바쳐야 하는데 사실은 고객의 주머니를 호시탐탐 노리고 있지 않는가?

행운을 불러오는
마법의 말

마누라는 중환자다

Q 나의 마누라는 _____ 이다.
　나의 남편은 _____ 이다.

'사랑'에 분비되는 호르몬의 유효기간은 18개월에서 30개월 정도라고 한다. 사정이 그렇다면, 10년차 20년차 부부는 어떨까. 벚꽃이 흩날리던 봄날, 환하게 웃는 모습만으로 나를 설레게 했던 그 얼굴은 애 둘 쯤 낳고 나니 주름지고 방치되어, 매일 틀어놓는 9시 뉴스보다 진부해지기 마련이다.

언제부터였을까. 아내가 하소연을 시작하면 나도 모르게 TV 볼륨을 높인다. 아내의 하소연은 반복되는 불만과 한으로 바뀌어 간다.

그럴 때면 이렇게 생각해보자.

나의 아내는 마누라가 아니라 '중환자'이다.

아내가 앵앵대면 '아픈 환자로구나, 아픈 곳이 있어서 그렇구나.' 이렇게 생각하고 중환자 보살피듯이 아내를 돌봐야 한다.

나의 아내는 또한, 마누라가 아니라 '갓난쟁이'이다.

아내는 사랑스러워서 귀여워해주고 뽀뽀해줘야 할 존재다.

간난 아이처럼 업어주고 뽀뽀해주라.

아내를 새로운 이름으로 재정의해보자.

아내는 환자다. 아내는 아기다.

아내는 내 인생의 마지막 고객이다.

아내는 불륜대상이다. 아내는 매일 새로운 사람이다.

당신의 아내는 _____ 이다.

『화성에서 온 남자, 금성에서 온 여자』 (존 그레이)

남녀가 서로에게 실망하고 있다면?

서로 다른 별에서 왔음을 기억해야 한다.

본디 다른 별에서 살고 있던 남과 여는 사랑이라는 호르몬의 이상분비에 의해 서로에 대해 눈멀고 만다. 그러다가 호르몬이 사라지면 전쟁은 시작된다. 서로 다른 별에선 서로 다른 사랑의 방식이 존재하는데, 그것도 모르고 '날 사랑한다면서 왜 저렇게 행동할까' 라고 생각하며 좌절하고 상처입는다. 계속 자신이 사랑하는 방식을 고수하고 상대에게 강요한다면 감정의 골이 점점 깊어질 뿐이다.

그들은 언어도 다르다. 은유를 사용하는 금성인을 화성인은 이해하지 못한다. 화성인에게 친밀감과 자율성은 고무줄 같으니, 그가 당신에게 간혹 멀어져 있고 싶다고 해서 사랑하지 않는 것은 아니다.

화성에선 스트레스를 받으면 동굴로 들어가고, 금성에선 스트레스를 받으면 이야기로 긴장을 풀어낸다. 이때 동굴에 들어간 화성인이 이야기를 들어줄 리 없으니 또한 싸움이 커진다.

화성과 금성의 차이는 이외에도 다양하게 언급되어 있다. 황홀했던 사랑의 상대가 점점 잘 안통하고 나와 다른 '답답이'로 변하고 있다면 다시금 이 고전을 꺼내들어야 한다. 결국 차이를 인정하지 않기 때문에 서로 상처 받고, 이해하려는 노력조차 하지 않는 것이다. 차이를 인정하자. 결혼이 답답한 무덤이자 굴레가 될지, 아니면 함께 늙어가는 관계의 충만함이 가득한 안락한 보금자리가 될지는 바로 이 출발선이 잘 지켜졌느냐에서 결정된다.

아내는 마지막 고객이다

Q 아내를 바라보는 또 하나의 시선

대한민국 남성들이 퇴근길에 하는 생각은?
"아, 오늘 일 끝났다. 집에서 좀 쉬었으면…"
"집으로 가야 하나. 어디 술 한잔 할 데 없나."
대한민국 전업주부가 남편 퇴근 기다리며 하는 생각은?
"저녁 좀 먹고 오지. 밥 차리기 귀찮아."
"나도 좀 쉬고 싶다. 오늘은 신랑에게 아이랑 좀 놀라고 해야지."

샐러리맨이라면 '퇴근=업무 끝'이란 공식을 가지고 있다. 부부 사이의 문제는 여기서 출발한다. 남편은 퇴근길에 '보람찬 하루 일을 끝내노라면~~' 콧노래를 부른다. 그에게 집은 지친 두뇌를 잠시 꺼내놓고 몸을 이완시키는 '휴식의 공간'이다. 아내에게 집은 끝없는 육아·가사 노동의 전쟁터와 같은 형장이다. 아내에게는 남편이 아이와 잠시 놀아주면서, 작은 가사 일은 나눌 수 있는 '휴식 같은 동료'이다. 남편이 퇴근하면 오순도순 말도 하고 싶고, 숨도 돌리고 싶다. 결국 두 사람의 욕망은 팽팽한 대치국면이다. "집에선 좀 쉬자"와 "나도 좀 쉬자", "내가 놀다 왔니?", "그럼, 나는 놀았니?" 같은 말싸움이 끝임 없이 반복되기 마련이다.

부부는 과연 서로에게 어떤 존재여야 하는가. 반려자, 소울메이트, 운명… 낭만적인 단어는 차라리 내려놓아라. 대신 오늘의 마지막 고객이라고 생각하는 것은 어떨까.

남편 입장에서는, 아직 하루 일과가 끝나지 않았다. 집에 마지막 고객이 기다리고 있는 것이다. 거창한 고객 접대는 필요 없다. "아. 그런 일이 있었어?"라고 맞장구를 10분만 쳐주겠다고 마음먹고 귀가해라. 단 10분이지만, 아내는 존중받는 느낌을 갖게 될 것이다.

여성 입장에서는 어떨까. 남편은 오늘의 가장 중요한 마지막 고객일 것이다. 낮 동안 빈둥대던 아내도 남편 퇴근 전에는 청소를 해놓고 생선을 굽는다. 그 고객 대접에 약간의 창의성을 발휘하면 어떨까. 식사 메뉴건, 자신의 차림새를 꾸미건, 집안의 분위기를 바꾸어 보던, 약간의 창의성이 가미된다면, 노동으로 지친 고객을 만족시킬 작은 감동서비스를 고민해 본다면, 고객의 충성도가 달라질 것이다.

하이컨셉 High Concept

2006년 다니엘 핑크의 『새로운 미래가 온다』에서 제시된 개념이다. 기능·성능가치가 아니라 새로운 감성가치를 창조하는 것, 차세대 제품을 만드는 것이 아니라 제품의 새로운 컨셉을 창조하는 것이 바로 하이컨셉이다.

알듯 모를 듯 하다면 몇가지 예를 살펴보자. 나이키는 무엇을 파는가? 기능·성능가치로 보면 신발이나 스포츠 용품을 파는 곳이다. 하지만 나이키 제품의 하이컨셉은 라이프 스타일이며 승리라는 스토리이기도 하다.

자동차 정비소를 생각해보자. 무엇을 하는 곳일까? 고장난 자동차를 고쳐주는 곳이라면 기능으로 접근한 것이다. 자동차 정비소는 자동차가 고장나서 속상한 사람이 찾아오는 곳이다. 자동차 정비소의 하이컨셉은 '마음 병원'이 될 수 있다.

아내를 '환자'로 정의하고 남편을 '고객'으로 정의한 것 역시 결국 하이컨셉을 찾는 것과 유사하다고 할 수 있다. 당신이 하는 모든 일에 하이컨셉을 찾아보면 새로운 가치를 발견할 수 있다.

자식을 친구로 보아라

Q 옳은 이야기를 해주는 것이 항상 옳을까?

사춘기 청소년을 둔 부모라면 누구나 공감할 것이다. 자녀와 대화하는 것이 얼마나 어려운 일인가. 아이들은 부모와는 하루에 1시간, 아니 30분도 대화하지 않으면서 친구와의 대화는 끊어질 줄을 모른다. 도대체 그 차이는 어디서 오는 걸까. 부모-자식 간 대화법과 친구와의 대화법을 비교해보면 그 답을 찾을 수 있다.

자식 : 아, 내일 두발 검사한다는데 머리 자르기 싫어. 짱나 죽겠네.
부모 : 학생이 외모를 단정하게 하고 다녀야지. 그리고, '짱나 죽겠네'가 뭐니, 그런 말 좀 쓰지 마라.

부모는 항상 자식에게 옳은 말을 해주려고 한다. 설령 본인이 그렇게 살지 못하더라도 말이다. 문제는 옳은 말을 하는 것이 옳은가. 적절한가 하는 것이다. 부모와 자녀간 대화의 가장 큰 걸림돌은 "내 자식은 내 맘대로 할 수 있다"는 태도이다. 부모는 옳은 말을 하고, 자녀는 무조건 그 말을 따라야할 존재로 생각하면 대화는 이뤄질 수 없다. 때로는 잘못된 상황을 공감해주는 것이 효과적일 때가 있다. 자식을 내 의지대로 이끌어가려는 욕심을 버려야 대화의 물꼬가 트인다. 동등한 인격체로 존중해주고 스스로 답을 얻을 때까지 기다려주자.

친구의 어법과 부모의 어법

부모의 대화법	친구의 대화법
가르치려고 한다	동등하다
좋은 것, 옳은 것을 추구한다	평가하지 않는다
부모의 의지대로 끌고 가려고 한다	격려해주고 필요한 부분만 도와준다
안통한다	통한다

내가 고향을 찾으면 제일 반갑게 맞이해주는 사람이 부모님이다.

팔십이 넘은 두분 만이 살고 게시니 사람이 그리운 게다.

나이가 드니 부자 지간이라기 보다는 친구사이처럼 느껴진다.

"얘, 막걸리 한잔 할래" 하시며 반갑게 맞이 해주신다.

아버지와 아들 사이에 격이 없어졌다. 그러니 진솔한 대화가 이루어진다. 가르치려 하지 않으신다. 그냥 세상 돌아가는 이야기를 나누면 된다. 옳고 그름을 논하는 것이 아니라 있는 그대로를 이야기 한다. 판단은 스스로 한다.

너무 많은 것을 가르치려다보니 대화가 단절된다. 아이들은 학교에서 이루어지는 것들도 감당하기 어렵다. 거기다 부모마저 이런저런 일들을 가르치려 하니 아이들은 짜증을 낼 수밖에….

아이를 친구라 생각해 보아라. 친구처럼 행동하고 친구처럼 말해보자. 같은 입장에 놓이는 것보다 더 큰 리더십은 없다.

아이들을 가르치려 하지 말고 먼저 본보기를 보여주자.

설거지 하지 말고
소화제를 먹자

Q 아내를 만족시키는 가장 손쉬운 방법은?

인류가 풀지 못한 최대의 난제 중 하나가 설거지가 아닐까 싶다. 세상이 좋아져서 설거지를 대신 해주는 기계도 나왔다지만, 기계를 또 닦고 관리해야 하는 문제가 생긴다고 하니 문제가 쉽게 해결될 것 같지는 않다. 맞벌이 부부가 오랜만에 저녁밥을 해 먹으면 설거지를 누가 할 것인지 신경전이 벌어진다. 외벌이 가정도 마찬가지이다. 요즘 세상에 설거지 한번 안 해주었다가는 온갖 원망을 듣기 일쑤이다. 그래도 지친 몸으로 주린 저녁 배 채우고 나서 엉덩이 훌쩍 떼고 싱크대로 달려가 그릇을 닦아주는 것은 쉬운 일이 아니다. 그건 아내도 마찬가지리라.

고백컨대 나도 설거지 하겠다고 싱크대 앞에 선지가 오래되지는 않았다. 내 나이 육십. 부엌을 드나들면 거시기가 떨어진다고 핀잔 들으며 자란 세대다. 그래도 세태가 어쩔 수 없기도 하고, 예전처럼 며느리가 밥상을 차려주는 것도 아닌데, 가사 일에서 여전히 벗어날 새가 없는 아내를 모른척 할 수만은 없어 가끔 설거지를 하기 시작했다. 설거지를 시작한 이후 두 가지가 달라졌다.

먼저, 밥 먹고 나서 설거지를 했더니 소화가 잘 되었다. 그 원인 중 하나가 설거지는 곧 손 운동이라는 것이다. 어떤 운동도 이것보다 손가락을 골고루 힘차게 움직이는 것이 없다. 손 운동을 하니 뇌도 자극되는 듯 상쾌했다.

둘째, 아내의 나에 대한 태도가 달라졌다. 설거지를 해주는 것만으로 존중받는 느낌이 난다고 했다. 저녁 설거지를 한 다음날 만나는 아침상은 더욱 정성이 깃들어 있는 듯 느껴졌다.

설거지 하면 무엇이 연상되냐고 물었다.

귀찮은 것, 하기 싫은 것, 어쩔 수 없이 해야 되는 것, 냄새나는 것 등 부정적인 의견이 대부분이었다.

우리 주부들은 이처럼 부정적인 것들을 어쩔수 없이 하루 15분 정도 3번씩 매일 하고 있는 것이다. 이 스트레스로부터 해방될 수만 있다면 얼마나 좋겠나? 우리나라 인구 5,000만명을 4인 가족으로 나눈다면 대략 1,200만 가구다. 이 가구가 하루 45분 정도 하기 싫은 일을 한다면 전국민에 미치는 부정적인 영향은 얼마나 큰 것인가?

운동, 소꿉장난 하면 무엇이 연상되냐고 물었다.

신난다, 재미있다, 건강에 좋다 등 긍정적인 견해를 갖고 있었다.

자 이제 설거지를 손 운동으로 의미를 바꾸어 보자. 설거지 하지 말고 운동을 하자. 그러면 얼마나 많은 긍정의 에너지가 생기겠는가?

배우자는 서로 배우는 관계라고 한다.
배우자에게 존경받는 사람이 가장 성공한 사람이다.

세상에서 가장 높은 산은 아내이며 남편인데,
이 산은 넘어야 하는 산이 아니라
함께 묻히는 산이다.

산책하지 말고
사색하라

Q 산책은 _____ 이다.

앉아서 사색하는 것도 좋지만 천천히 걷는 산책은 더욱 좋다. 산책은 한발 더 나아간 사색이기도 하다. 그래서 '산책하다'라는 말은 '사색하다'라는 말과 동의어이다. 건강에 좋을 뿐 아니라 생각도 정리된다.

혼자 산책한다는 것은 마음을 가다듬고 정리한다는 의미와 같다. 성찰하기도 하고 미래를 꿈꾸기도 한다. 몸 하나하나를 생각하며 보살피는 의미도 있다.

산책할 때는 '장생보법'을 기억해두면 좋다. 장생보법은 몸의 균형을 잡아주는 대표적인 걸음걸이인데, 용천龍泉과 발가락에 힘을 주고 걷는 것을 의미한다. 용천은 발바닥의 길이를 삼등분했을 때 앞의 1/3에 해당하는 지점으로 동양의학에서 매우 중시하는 경혈이다. 한자 그대로 '샘물이 물을 분출하듯 인체에 생명의 기가 분출되는' 지점이란 뜻이다. 걸을 때 용천에 의식을 두고 발가락에 힘을 주고 걸으면 발뒤꿈치에 실려 있던 무게중심이 앞쪽으로 이동하면서 몸무게가 고르게 분산된다. 몸에 힘을 빼고 발바닥의 용천에 집중해보자. 땅을 누르듯 발바닥의 용천을 서서히 느껴보라. 다섯 발가락에 힘을 주고 땅을 지압하듯 용천으로 걸으면 발바닥에서 뇌로 가는 에너지의 흐름이 원활해지면서 머리가 시원해진다. 발에 집중하여 장생보법으로 걷다보면, 잡념도 생기지 않고 발바닥에 집중함으로써 자신의 몸과 내면을 바라볼 수 있다.

산책은 몸과 마음의 조화를 이루게 하는 묘약이다.
산책은 육체적 에너지와 동시에 정신적 에너지를 증진시켜준다.
산책은 내 안의 나를 만나게 하는 시간이기도 하다.
산책하는 습관으로 나 자신의 건강과 사회의 건강도 만들어 보자.

산책은 '살아있는 책'이다. - 최염순 카네기리더십연구소 소장

일기 쓰지 말고
나를 만나 보자

Q 일기는 하루에 이틀 치씩 써야 제 맛이다?

세상은 두 부류의 사람으로 나뉜다. 일기를 쓰는 사람과 일기를 쓰지 않는 사람. 일기를 쓰는 사람은 목표가 있는 사람이다. 프랭클린을 비롯해 위인들은 저마다 하루를 기록하는 기술을 가지고 있다. 일반인 중에도 다이어트 일기, 독서 일기, 학습량 일기처럼 특정 목적에 따라 일기를 쓰기도 한다. 일기는 자신의 일상을 장악할 수 있는 가장 쉬운 방법이기 때문이다.

나는 오래전부터 하루에 이틀 분량의 일기를 쓰고, 하루에 대해 두 번 기록하는 일기작성법을 고수하고 있다. 일기는 보통 지난 일을 더듬어 기록하는 행위인데, 나는 내일일기와 오늘일기를 한

꺼번에 쓴다. 다소 유별날 수 있는 일기법이다.

먼저 당일 저녁에 오늘 있었던 일을 기록한다. 그 다음 두 번째 일기를 쓰는데 바로 내일 있을 일을 상상해보며 일기를 쓰는 일이다. 상상하며 적다보면 파노라마처럼 이미지가 그려지고, 무엇을 준비해야 할지, 어떤 부분에 초점을 맞추어야 할지 명확해진다. 하루가 지나면 다시 오늘 일이 잘 이뤄졌는지 사실을 적는 작업이 이뤄지고 다음 날의 상상일기가 이어진다. 이러면 하루에 대해 두 번 적게 되고, 또 하루 저녁에 2일에 대한 일기를 쓰는 셈이 된다.

과거 일기를 쓰면 일상이 정돈되는 느낌이 좋다. 그날 깨닫게 된 화두를 정리해 가슴에 담을 수 있으니 하루도 허투루 버려지지 않는다. 내일 일기를 쓰면 이미지 트레이닝을 하며 목표를 강하게 품을 수 있어서 좋다. 시간 흐름에 끌려가는 것이 아니라, 내가 주인이 되어 내 시간을 맞이하게 된다.

나는 일기를 일기라 하지 않는다. 분주한 시간으로부터 벗어나 나 자신을 성찰하는 시간이요, 미래를 설계하는 진정한 나를 만나는 시간이다. 나를 만나 보는 시간, 나를 만나 보는 기록이란 의미를 살려 나는 일기를 '나 만나보기記' 라 부른다.

최근의 '나 만나보기'를 소개한다.

2011년 12월 17일
날씨는 몹시 추운날이였지만 눈부신 하루였다.

대구 경산연수원에서 리더의 언어, CEO 언어라는 주제로 특강이 있다.
새로운 주제에 대한 강의인 만큼 준비와 연습 잊지 말자.
강의는 추억을 만든다는 개념 잊지 말고 수강생들을 대상으로 지금까지 들은 말 중 가장 잊혀지지 않는 말을 직접 써보도록 하자. 또한 가장 듣고 싶은 말도 조사해보자.
이번 강의 목표는 지식전수가 아닌 스스로 깨우쳐서 실천하게 만드는 것이다.

리더와 CEO의 말이 따로 있다는 것을 인식시키자.
말의 에너지를 직접 확인하게 하고 말에 대한 생각을 다시 갖는 계기가 되었으면 좋겠다.

말의 에너지를 체험하기 위해 마술 아닌 마술로 공중부양 시켰더니 다들 즐거워했다.
지금까지 살아오면서 가장 잊혀지지 않는 말을 발표하게 하며 스스로 말의 중요성을 인식하도록 하였다. 이 내용은 별도로 정리해두기로 한다.
특히 성공과 행복을 위한 춤도 잘 따라 추었다. 다들 어린아이로 돌아가서 한바탕 웃었다. 마무리 총장선언문 세리머니는 압권이었다. 깜짝 놀라면서도 아하! 그랬구나 하는 표정들이 역력했다. 몇몇 분들은 직접 싸인을 요청해왔다.
어린왕자 까운을 가져가지 못해 좀 아쉬웠다. 강의의 하이컨셉을 복장으로도 보여주고 싶었는데…
오늘 공연은 대성공이다.
행복의 마일리지를 쌓았다.
내일은 대구에서 프로골프선수 출신 최민혁군과 박혜성양의 주례를 선다. 이 또한 멋진 추억이 되도록 유쾌한 주례사를 해보자.

이런 일기를 쓰게 된 데는 두 가지 배경이 있다.

첫째는 중소기업진흥공단 홍보실장 할 때 매일 저녁 신문의 가판을 미리 사서 보았다. 가판은 내일 신문을 그 전날 5시경이면 볼 수 있었다. 혹시 우리와 관련된 잘못된 기사는 없을까 살펴보기 위해서다. 잘못된 기사가 있으면 신문사를 찾아가 정정을 요구하기 위해서다. 지금은 추억이 되었지만….

이때 깨달았다. 그래 신문은 그 전날 있었던 일들도 기사화하지만 다음날 있을 주요한 행사들도 다루고 있었다. 그래 맞아 일기도 이렇게 쓰면 좋겠구나 하는 생각이 떠올랐다. 무엇을 보면 예사롭게 넘기지 않고 이것을 벤치마킹해야지 하는 생각의 습관에서 기인한 것이다. 아마도 이는 중소기업을 컨설팅하면서 몸에 밴 사고의 습관이다.

둘째는 아버지의 가르침이다.

아버지는 자식들을 모두 객지에 보내놓고 일찍 두 분만이 시골 생활을 하셨다. 그러던 중 아이들에게 무엇을 남겨줄까 곰곰이 생각을 하시다 부부가 사는 모습 그대로를 보여주는 게 좋겠다는 생각이 들어 일기를 쓰셨다. 농부인 아버지는 나이 60부터 10년 동안 단 하루도 **빼놓지** 않고 쓰셨다. 그 일기장을 70세가 되던 해 초하루 날 우리에게 공개하셨다. 그때 콧등이 시큰거리며 눈가에 이슬이 맺혔다. 그후 난 오늘의 나와 내일의 나를 매일 만나보는 '나 만나보기'를 쓴다.

세수하지 말고
마사지해라

Q 세수에도 기술이 필요하다?

나는 웃으면서 세수를 한다. 내 안의 화를 다스리기 위한 장치를 일상 곳곳에 심어 놓았는데 그 중 하나인 셈이다. 화를 다스리려는 내 노력이 눈물겹다고 할지 모르겠으나, 일단 당신도 해보면 내가 왜 이렇게 사는지 이해할 수 있을 것이다.

나의 아침은 이렇게 시작한다. 얼굴마사지를 하고 스스로 고안한 '성공과 행복을 위한 춤'을 추고 기체조를 한다. 그리고 나서 내 아침맞이 3종 세트 중 하나인 얼굴마사지가 시작된다.

얼굴마사지를 하는 이유는 화색和色을 다스리기 위함이 첫째이다. 사실 화색이 좋은 것만으로도 보시普施하는 것이라 할 수 있다. 화색이 좋은 사람을 바라보는 것이 얼마나 행복한 일인가. 내 화색을 잘 다스려 내 얼굴 보는 이를 기분 좋게 만들어보자.

『잡보장경』에 보면 돈 없이 베풀 수 있는 방법 '무재7시無財7施'라는 게 나온다.

그 중 첫째가 화안시和顏施다. 얼굴에 화색을 띠고 부드럽고 정다운 얼굴로 남을 대하는 것이요, 둘째가 언시言施다. 말로써 얼마든지 베풀 수 있으니 사랑의 말, 칭찬의 말, 위로의 말, 격려의 말, 양보의 말, 부드러운 말 등이다.

마사지 시작은 백회白會이다. 머리 정수리부터 꾹꾹 눌러 내려온 후 눈꼬리 옆을 마사지해준다. 눈썹을 둘러싼 뼈를 만져주고 눈 밑을 눌러주는데 눈으로 가는 신경세포 혈액순환이 잘 되도록 하기 위해서다. 사람들은 이는 하루에 세 번 닦으면서 눈을 위해서는 아무것도 하지 않는다. 이가 빠지면 임플란트로 대체할 수 있지만, 눈이 망가지면 속수무책인데도 말이다. 눈 주위 뼈를 마사지 할 때는 오늘도 좋고 새로운 것을 볼 수 있게 하소서 기도하는 마음으로 한다. 눈이 건강해지도록 눈 주변의 뼈를 눌러주는 습관을 들이면 좋을 듯 하다. 난 50대 초반에는 안경을 썼지만, 시력이 오히려 좋아져 지금은 60대임에도 안경을 쓰지 않는다. 노안도 오지 않았다. 이것이 모두 눈마사지 덕분이라고 생각하고 있다.

다음으로 코뼈 주변을 눌러주고 코끝도 눌러준다. 귀를 둘러싼 뼈를 꾹꾹 눌러주고 마무리는 귓밥을 힘껏 서너번 잡아 당겨준다.

그냥 누르기만 하는 것이 아니라 마사지하듯 문질러 준다. 이때 혈액 순환이 잘 되는 것을 연상하며 감각이 살아남을 느낀다. 인중 밑을 눌러주고 코 밑에 입을 둘러싼 뼈를 모두 눌러준 후 귀까지 눌러준다.

  마지막으로 혀까지 살짝 깨물어준다. 그러면 침샘이 분비된다. 나이들 수록 침샘이 잘 안나와 소화가 안된다. 혀를 깨물면 침샘을 자극해 그리 좋다. 이빨은 나이 들면 빠지지만 혀는 아무리 나이가 들어도 빠지지 않는다. 부드러움이 강함을 이기는 이치를 혀를 깨물며 생각해본다. 또 흔히 '입술이 타들어간다'고 표현하는데, 입술을 씹어줘도 혈액순환이 되는 느낌이 든다.

  이 과정을 다 거치면 오감을 마사지한 셈이 된다. 즉 감성을 자극하는 나만의 특별한 마사지법이다.

  이는 혈색 좋은 여러 도인을 만나면서, 의견을 취합해서 내 나름의 방식을 만든 것이다. 세수에서 한 발 나아가 얼굴마사지를 하자. 옷을 차려입고 차를 닦고 광내는 것보다 화색을 다스리는 것이 더 큰 힘이 되어줄 것이다.

밥 먹지 말고
음미하라

Q 인생을 바꾸는 가장 쉬운 방법은 '밥'이다?

생활의 에너지를 만드는 것은 마음이다. 마음을 어떻게 먹느냐에 따라 화의 기운이 나오기도 하고 긍정의 기운이 나오기도 한다. 흥미로운 것은 마음을 '먹는다'는 표현이다. 따지고 보면 마음은 먹는 밥에서 나오기도 하기 때문이다.

일본의 전설적인 운명학자 미즈노 남보쿠의 『절제의 성공학』이란 책이 있다. 이 사람의 주장에 따르면, 먹는 것이 몸을 바꾸고 마음을 바꾸고 운명까지도 바꾼다고 한다. 타고난 팔자도 식습관으로 바꿀 수 있다니, 손금에 열심히 줄을 그으면 운명이 바뀐다는 것보다 더 쉬워 솔깃한 이야기이다. 먼저 그가 '절제의 성공학'을 발견하게 된 이야기를 잠깐 소개할까 한다.

미즈노 남보쿠는 어려서 부모를 잃고 술과 도박을 일삼았다. 결국 감옥살이까지 하게 되는데, 그곳에서 가난하고 죄지은 사람과 살다보니 어떤 공통점이 느껴졌다. 일단 생김새부터가 묘하게 보통 사람과 달랐다. 출옥 후 그는 관상학에 손을 대는데 첫 3년 동안은 이발소에서 일하며 얼굴모양을 연구했다. 3년이 지나니 얼굴만 보면 웬만한 것은 다 알 수 있었다. 다음 3년은 목욕탕에서 벗은 모습을 연구했다. 몸의 체형을 보면 어떤 사람이 부자인지 알 수 있었다. 마지막 3년은 화장터 인부로 일하며 죽은 사람의 골격과 생김새를 살폈다. 이제 어떤 사람이 요절하고 장수하는지를 깨닫게 되었다. 이렇게 9년의 수업을 마친 후 최고의 관상가가 되었다고 한다. 그는 3천명이 넘는 제자를 거느렸고 국가로부터 대일본大日本이라는 칭호까지 하사받았다.

책 『절제의 성공학』에 따르면 '음식은 몸 안을 꾸미는 재료로 그 성질은 음이다. 음은 조용하고 화려하지 않은 성질을 가진다. 하여 절제하는 것이 가장 중요하다. 반면 옷과 집은 밖을 꾸미는 재료로 그 성질은 양이다. 양은 화려하고 아름다운 성질을 가지기 때문에 아름답게 꾸미는 것 자체가 흠이 되지는 않는다.'고 한다.

그는 검소하고 규칙적인 식사로 위장을 편안히 해 몸의 기운을 돋우라고 말한다. 소식을 엄격하게 하면 혈색에 자연히 신명이 깃든다. 신명이 깃든 혈색은 그 뿌리가 깊고 변함이 없어 길상이 쉽게 흉상으로 변하지 않는다. 반면, 기름진 음식에 과식까지 하면

출세가도에 있다가도 비명횡사하거나, 출세길이 끊긴다.

또, 폭식을 자주하면 평생 안정되지 못하고 유랑하는 신세가 된다. 반면 식사량이 일정하면 심신이 안정되고 모든 일이 순조롭게 풀린다고 한다. 이 책을 읽은 후 나는 천천히 곱씹어 먹는 습관을 기르고 있다. 밥을 음미하면서 먹으면 절대 과식을 할 수 없고, 기름진 음식, 단 음식을 멀리하게 된다. 얼마 전 월드스타 가수 비가 이 『절제의 성공학』을 읽고 감명을 받아 미국 진출 시 단칸방에서 음식을 절제하며 미국시장 공략의 칼을 갈았다는 기사를 본 기억이 난다. 큰 뜻을 품은 사람들은 언제나 음식을 절제하는 일부터 시작했다. 음식을 절제하면, 깊고 단단한 에너지가 생긴다. 이것이 뜻을 이루는 첫 출발이 된다. 물리적으로 오래 사는 것도 좋지만 짧게 살아도 옹골차게 사는 방법이 정답 아니겠는가? 시간을 다스리는 수많은 방법들이 나와 있지만 이보다 더 강력한 방법이 있겠는가?

먹는 것은 몸을 바꾸고 마음을 바꾸고 운명까지도 바꾼다.

- 미즈노 남보쿠(『절제의 성공학』 저자)

잠자지 말고
여행을 떠나라

Q 잠이라는 황무지에는 무엇이 있을까?

"어제는 악몽을 꾸었다. 몸이 무겁고 불길한 기분이 들었다.
좋은 꿈을 꾸고 싶다.
꿈 속에서라도 최고의 행복을 맛보고 싶다.
꿈꾸는 시간도 의미 있게 보내고 싶다."

깊은 고민거리가 있을 때 꿈 속에서 해결되는 경우가 있다. 내가 의식하지 못했는데도 악몽으로 나타나 나의 마음을 되짚어 볼 때도 있다. 꿈은 생물학적으로 REM수면^{부활수면(賦活睡眠)할 때에는 임상적으로는 안구의 급속한 운동(rapid eye movement)을 볼 수 있으므로 REM수면이라 일컫기도 한다}과 관련이 있다고 하는데, 이때의 두뇌활동은 깨어있을 때와 거의 유사하다. 꿈을 꾸는 것은 단지 휴식을 취하는 것이 아니라 잠재의식으로 여행을 하는 것이다. 꾸준히 연습하면 꿈꾸면서도 꿈인 줄 알고 꿈의 흐름을 제어할 수 있다고 하는데 이를 '명석몽' 혹은 '자각몽' 이라고 부른다.

나는 꿈꾸는 시간이 욕심나서 자각몽 트레이닝을 시작했다. 완전하지 않지만, 가수면 상태에서 잠자는 시간을 활용하는데 종종 성공하기도 한다. 먼저 잠이 들기까지의 30분 정도 주제를 두고 명상하려고 노력하고 있다. 그리고 잠을 푹 잔 뒤 아침에 일어나면 잠재의식을 여행하는 결과를 얻곤 한다. 머리맡에는 늘 종이와 펜을 두는데 간혹 꿈에서 깨어나게 되면 꿈에서 성장시킨 아이디어들을 메모하곤 한다. 인간은 하루에 6시간, 인생의 1/4을 잠을 잔다고 한다. 이제 잠을 자지 말고 잠재의식 속으로 여행해보자. 매일 밤 멋진 여행이 당신을 기다리고 있을 것이다.

잠을 잔다는 생각을 버리고 잠은 여행이라고 새롭게 개념을 정립하면 잠이 휴식에서 깨어나 설레임으로 다가올 것이다.

꿈 중의 꿈, 태몽

꿈은 가슴 설레게 한다. 가슴 설렌다는 것은 행복하다는 증거다. 돼지꿈을 꾼 날은 복권을 산다. 행여 좋은 일이 있을 것 같은 생각이 든다.

　평생을 가슴 설레는 일이 있다면 얼마나 좋을까. 남녀 간의 사랑도 유효기간이 있다고 하는데 평생 가슴 뛰는 일이 있다면 이보다 더 축복받는 일이 있을까.

　　미국 코넬대학의 신시아 하잔 교수는 연인 5,000명을 대상으로 조사한 결과에서 폭풍과도 같은 열정적 감정의 지속기간은 보통 900일을 넘지 못한다는 조사 결과를 발표했다. 사랑에 빠지면 뇌에서 '러브칵테일'이라는 화학물질이 분비되는데 시간이 지나면 이 물질의 분비가 줄어들고 900일 가량이 지나면 거의 분비되지 않는다는 것이다. 학자들은 열정적인 사랑의 유효기간을 대개 18~30개월로 보고 있다.

　어머니가 꾼 꿈은 평생 가슴 설레게 하는 묘약이다. 한 시대를 주름 잡았던 영웅 중 그의 어머니가 태몽을 꾸지 않은 사람 있던가? 누구나 다 태몽을 꾼다. 어머니가 안 꾸면 아버지가 꾸던 할머니나 이모가 꿀 수도 있다. 꿈을 꾸긴 꾸었는데 다만 기억하지 못할 뿐이다.

　태몽처럼 궁금한 게 있을까? 사주를 본다던지, 점을 친다던지 다 미래가 궁금해서다. 미래에 대한 첫번째 예지가 태몽이다. 태몽이 기억나지 않는다면 스스로 태몽에 대한 멋진 시나리오를 만들면 된다. 아이가 평생 가슴 설레며 살 수 있는 시나리오를 만들어보자. 어머니가 꾼 태몽이야기는 자신이 태어나 세운 그 어떤 꿈, 비전보다도 더 가슴 뛰게 할 것이다.

이 멋진 선물을 포기 할 것인가?

지금 태몽의 시나리오를 쓰자. 아이의 가슴이 기대감과 희망으로 고동치는 소리 들리지 않는가?

지금 우리가 살아가고 있는 이 순간도 어쩌면 꿈인지 모른다. 다음 세상에 태어나기 위한 태몽을 꾸고 있는 게 아닐까? 지금 우리는 꿈을 꾸고 있는 거다. 그래서 꿈같은 세상이라고 하지 않는가.

지금 우리가 꾸고 있는 이 꿈이 다음 세상의 태몽이라면 멋지게 꾸어야 하지 않겠는가? 다음 세상에서 가슴 설레는 삶을 살고 싶다면 지금 살고 있는 이 세상, 지금 꾸고 있는 이 태몽을 더 아름답고 더 의미 있게 장식해야 하지 않겠는가.

그 멋진 시나리오를 만들어야 하지 않겠는가/

돈보다 정신을 물려주어라

Q 자식에게 무엇을 남겨 주실건가요?

2004년 1월 1일 우리 가족은 여주 고향집에 모였다. 출가한 자식에 손주들까지 열아홉 식구 대가족이 함께 자리를 했다. 방은 비록 비좁았지만 화기애애했다. 밥상을 물리신 아버지께서 하실 말씀이 있다 하시며 이야기를 꺼내셨다.

"너희들에게 무얼 남겨줄까 오랜 생각 끝에 우리가 사는 모습을 그대로 보여주는게 좋을 것 같아 일기를 써왔다. 오늘이 일기를 쓴지 꼭 십년이 되는 날이구나. 여기 그동안 농사일을 하면서 힘들었던 일, 보람있던 일의 생활상이 그대로 담겨 있으니 한번 읽어들 보아라" 하시면서 열권의 일기장을 내놓으셨다.

농부의 일상은 몹시 고되다. 일에 지쳤을 때에는 몸 하나 가누기 힘든 것이 농촌일인데 방바닥에 쪼그리고 앉아 그날의 일과를 써내려가는 모습이 떠올랐다. 그렇게 하루도 빠트리지 않고 십년의 세월인 것이다.

내 무디고 무딘 코가 불이 난 듯 욱신거려왔고 가슴에 구멍하나가 뻥 뚫리는 듯했다. 만감이 뒤엉켜 감정을 다스릴 수 없었다. 열 권의 아버지의 일기장이 그렇게 내 손에 쥐어졌다.

나는 오랜 생각 끝에 부모님의 회혼례를 맞아 두분의 일대기를 정리하기로 했다. 2004년은 부모님이 결혼하신지 60년이 되며 두 분이 팔순을 맞이하는 뜻 깊은 해였다.

주말이면 부모님과의 인터뷰를 위해 고향으로 발길을 옮겼다. 실타래를 풀 듯 크고 작은 일들을 하나하나 풀어나갔다. 어머니의 뛰어난 기억력에 감탄이 절로 나왔다. 두 분이 함께 기억을 더듬어가며 정리해주셨는데, 그 시간을 얼마나 행복해하셨는지 모른다.

그렇게 가족사를 기록해 회혼례에 가족끼리 나누어보고자 책을 엮어본 것이 출간까지 이르게 되었다. 내가 아버지와 함께 늙어가는 나이가 되자, 아버지가 종종 막걸리를 권하시곤 했는데, 그때 건네시던 말씀을 따서 제목은 '얘, 막걸리 한 잔 할래'로 정했다. 교정도 못보고 재판할 책도 아니어서 못내 아쉬웠는데 조은산 화백이 이 책을 보고 자신이 그린 그림을 넣어 다시 출판하자고 제안해 '우렁이 빈껍데기'란 이름으로 다시 빛을 보게 되었다.

나는 2011년 5월에 아버지와 이별했다. 몹시 그립고 애절하다.

생전에 못해드린 일이 나를 괴롭힐 때도 있다. 그 때마다 책 한권이 얼마나 위안이 되는지 모른다. 책도 책이지만, 아버지의 생애를 기록하기 위해 많은 대화를 하고 시간을 보낸 것이 위안이 된다. 그 이전에 한 대화를 모두 합한 것보다 책 쓰는 5개월간 더 많은 대화를 한 듯 하다.

"내가 산 이야기를 소설로 쓰면 대하소설 10권은 나온다" 어른들이 입버릇처럼 하시는 말씀이다. 자식이 부모의 인생궤적을 정리하는 일을 해보시기를 권하고 싶다. 내 경우는 5개월 정도가 소요되었는데, 내 인생에서 가장 아름답고 따뜻한 시간으로 기억되고 있다.

끝은 끝이 아니라 새로운 시작이다

병상의 아버지의 발은 퉁퉁 부어 있었다. 마치 아기 젖살처럼 그렇게 살이 쪘다. 아기의 젖살이나 퉁퉁 부어오른 발등의 살이나 누르면 다시 피어오른다.

아버지의 배는 만삭이었다. 어머니의 만삭 뱃속에는 생명의 물인 양수가 들어있지만 아버지의 뱃속에는 복수가 차 있었다. 양수는 아기라는 새 생명을 낳지만 아버지의 복수는 죽음을 낳았다. 얼마 후 아버지는 세상을 떠났다.

아직도 그립고 애달프다. 그 못 다한 정을 어찌 표현하겠는가.

허나 달리 생각하니 죽음은 환원이며 새로운 출발이다. 내 아버지가 이 세상의 삶을 환원하신 후 다음 세상에 새 생명으로 태어나신 게다.

손톱을 깎다 문득 손톱이 하는 소리가 들려왔다.

그동안 손톱을 수도 없이 깎아 왔건만 왜 이제야 들려오는가. 손톱이 잘려나가며 하는 소리, '나는 끝이 아냐'라고 절규하고 있었다. 그것은 잘려나간 것이 아니라 새로운 시작이었다.

재능이 없는 게 아니라
관심이 부족하다

Q 재능은 무엇에서 시작하는가?

모차르트가 세 살에 사람들 앞에서 연주를 할 수 있었던 이유는? 그는 전무후무한 천재였기 때문일 것이다. 하나 더, 그가 피아노 연주로 먹고 사는 음악가의 자식이었기 때문이다. 그는 음악을 쉽게 내면화 할 수 있는 환경에서 최고의 재능을 가지고 태어난 것이다.

정트리오 등 7남매를 세계적인 음악가와 교수, 사업가, 의사로 키운 이원숙 여사의 책을 보면, 그녀가 '환경'을 접하게 하기 위해 열성을 다해 노력하는 이야기가 드라마틱하게 펼쳐진다. 이원숙 여사는 조기교육의 선구자라고 할만한 데, 그녀가 강조하는 것이 있다. "생후 6개월이 된 아이에게 수영을 가르친다고 해도 나는 반대하지 않을 것이다. 다만 수영선수가 되리라는 기대는 절대 가져서는 안된다. 다양한 세계를 접할 기회를 주되 아이가 좋아하고 잘할 분야가 발견된 후에야 집중적인 교육이 시작되어야 한다."는 것이 그녀의 주장이다.

그렇다면 '재능'은 무엇일까? 재능은 '유별난 관심'으로 나타난다. 정명훈씨는 6세에 피아노를 가르쳤더니 밥만 먹고 나면 피아노 앞에 앉아 곡조를 이렇게도 쳐보고 저렇게도 쳐보며 좋아했다고 한다. 반면 3세부터 유난히 곡조를 잘 외는 등 음악에 소질이 있는 듯 했던 정경화씨는 피아노에 그다지 관심을 보이지 않았다고 한다. 결국 그녀의 관심은 바이올린을 만나자 폭발했다.

'관심'이라는 아이의 잠재력의 씨앗은 열린 세상을 만나면서 깨어나 재능과 적성으로 발전된다. 부모가 할 일은 기회를 열어주고 아이의 관심을 관찰하는 것이다. 이때 과도한 욕심으로 아이가 소질을 보이는 부분에 집착해서도 안된다. 부모는 그저 관찰하고 격려하고 지원해주는 것만으로 충분하다.

내 아이에게 재능이 있는가 없는가를 결정하지 말자. '재능이 있다'는 표현은 '관심이 있다'는 표현으로도 충분하다. 결정권은 아이에게 넘기고 부모는 아이에게 상상력을 키워주고 관심을 갖고 있는 분야에 대하여 동경심을 키워주자. 아이가 자신의 호기심을 해결하기 위해 시도하는 여러 탐색활동과 관찰을 하도록 자유로운 분위기를 조성해 주자.

오늘 무엇을 물어 보았어요

전 세계 인구는 70억 명이나 된다고 한다. 그 중 유태인은 1,500만명이라고 한다. 비율로 보면 0.22%다. 그런데 놀랍게도 노벨과학상의 30%는 유태인이다.

유태인은 우리보다 머리가 좋을까? 아니다. 그 원인은 교육에서 찾을 수 있다. 유태인을 키운 건 탈무드라는 책이다. 유태인의 정신적 지주역할을 한 생활규범이다.

우리는 아이들이 학교에 다녀오면 '오늘 무엇을 배웠니?' 라고 묻는다. 유태인은 이렇게 묻는다고 한다. '오늘 선생님에게 무엇을 물어 보았니?' 라고… 이 작은 질문의 차이가 오늘날의 노벨상을 제일 많이 받는 민족으로 만들었다.

'오늘 무엇을 배웠어요?' 와 '오늘 무엇을 물어 보았어요?' 는 무슨 차이일까? 묻는 것, 질문하는 것은 내가 주도권을 갖게하는 것이다. 질문을 하기 위해서는 생각을 한다. 내 생각과 다른 사람의 생각의 차이를 알게 한다. 몰라서 물을 수도 있고 상대방의 생각을 알기 위해 물을 수도 있다. 사물과 다른 사람의 생각에 대한 끝없는 탐구심이 오늘날 유태인을 만들었다.

아이가 천재이기를 기대하지도 말고 천재로 키울 생각도 말자. 단 한 가지 평생 배우는 습관을 만들어주자. 그것은 바로 질문하는 습관이다. 조기 교육은 오직 한 가지 배우는 습관, 다시 말하면 질문하는 습관을 만들면 그것으로 족하다.

스웨덴 왕립과학원 회원으로 노벨위원회 물리위원장을 역임한 스웨덴 예테보리대 물리학과 매츠 존슨 교수^{건국대 초빙교수}도 "한국 학생들은 매우 큰 꿈을 꾸고 열심히 공부하는데도, 강의나 토론을 할 때 질문하기를 망설여 깜짝 놀랐다"고 했다. "기존 학문에 도전하고 비판하지 않는 학생들이 자라서 세계를 이끌 사회·경제·문화적 혁신을 이끌 수 있을지 모르겠다"고도 했다. 해외 석학들은 듣기만 하는 한국 대학생들의 수업 태도는 초·중·고교부터 주입식 교육을 받아왔기 때문이라고 분석하고 있다.

말씨도 뿌리는 방법이 있다

Q 글씨 교본이 있다면 말씨 교본도 있지 않을까?

인생은 말의 경주다. 인생은 말씨를 뿌리고 말을 꽃피우고 말의 열매를 맺게 하는 경주다.

골프선수는 정상에 올라도 연습을 한다. 단 하루를 하지 않으면 내 몸이 알고 이틀을 연습하지 않으면 상대방이 안다. 세계적인 가수도 보컬 트레이닝을 받고 세계적인 피아니스트도 레슨을 받고 성장해 매일 연습을 한다. 단 하루라도 게을리 하면 금방 표가 난다.

우리는 무엇으로 삶을 사는가? 직업을 막론하고 공통의 분야가 있다면 바로 '말'이다. 말은 공을 멀리 날리는 골프채요, 아름다움을 창조하는 피아노요, 몸을 움직이게 하는 축구공이다. 우리의 인생은 단 하루도 말을 하지 않고 살 수는 없는데 왜 말은 연습도 레슨도 안하는 걸까. 너무 잘해서 필요없는 걸까? 아무리 해도 잘 안되어서 포기한 걸까?

그렇다고 인생을 포기할 수는 없지 않은가?

그래서 말 교본을 만들어 보았다. 마치 펜글씨 배울 때 교본에 쓰여진 대로 그리다 보면 자신도 교본의 글씨체처럼 예쁘게 글씨를 쓸 수 있듯 말도 그렇지 않을까 생각하며 만들어 본 말씨 교본이다. 그리고 실제 몇 분에게 해보게 하고 그 결과물에 확신을 얻어 아예 매뉴얼로 만들어 보았다.

글씨 교본이 여러 종류가 있듯 말씨 교본도 여러 종류가 있을 수 있다. 같은 글씨체라도 쓰이는 내용에 따라 달리 보이듯 말씨 교본도 그러하다.

말씨 교본

PART 1. 말씨 뿌리기 준비

1. 준비운동
하루 일과는 춤으로 시작한다.
그 춤은 고마워! 로 시작된다.
매일 '성공과 행복을 위한 춤'을 추며 마음의 상태를 긍정과 에너지가 충만하도록 만든다.
이 춤은 유튜브에서 '성공과 행복을 위한 춤'이라 치면 볼 수 있다.

2. 이를 닦을 때마다 말도 함께 닦는다
이를 닦는다. 이때 말, 언어도 함께 닦는다.
구석구석 닦는다. 이를 잘 닦지 않으면 구린내 나듯 말도 잘 닦지 않으면 악취가 난다.
악취정도가 아니라 자칫 하면 평생 아물지 않는 상처를 주기도 하고 심지어는 사람을 죽이게 하는 경우도 있다.
이만 닦는 게 아니라 혀도 닦는다. 혀는 부드럽다. 말도 혀처럼 부드럽게 하여 주소서 기도하며 닦는다. 부드러운 것이 강한 것을 이긴다. 강한 이가 상하면 다시 해넣으면 되지만 부드러운 혀가 상하면 평생 말더듬이가 된다. 혀도 잘 안 닦으면 백태가 끼듯 말도 잘 안 닦으면 부정한 것들이 쌓여 병을 가져온다. 가글을 한다. 입안 구석 구석 잡균을 없앤다. 부정인 생각의 균들을 소독하여 없앤다.

입에 향기를 넣는다. 구강 청소하듯 생각의 구석구석 부정적인 균들을 죽인다.

3. 여성은 립스틱 바를 때 립스틱처럼 아름다운 말이 나오는 것을 연상한다. 남성은 입술을 지긋이 깨물어주며 내 입은 아름다움을 창조하는 말 공장이라 연상한다. 내 입에서 뿌린 말의 씨앗, 말의 꽃을 보며 상대방이 웃음꽃 피우는 것을 떠올린다.

'아 오늘도 행복한 하루!' 라는 말과 더불어 이미지를 떠올린다.

우리 모두가 말 선수라면 이 정도면 마음의 준비운동은 되어야지 않겠는가? 선수가 시합에 임하기 전 최소한 이 정도의 이미지 트레이닝은 해야 되지 않겠는가?

PART 2. 마음 워밍 업!

항상 만나는 사람이 스승이라는 마음가짐이 필요하다. 연령적으로 나보다 많고 적음의 문제가 아니다. 사람을 만날 때는 그로부터 배우겠다는 의지가 필요하다. 그러면 배울 점이 보이기 시작한다.

사람을 만나는 것이 아니라 사람에게 배우는 것이다.

드디어 무대에 등장한다. 경기장에 나선다.

대개 첫 번째 선수는 배우자다.

하루의 시합은 여기서 결정되는 경우가 많다.

밥상을 마주하며 '야! 이거 정말 감칠 맛 나는데… 이젠 밥장사해도 되겠어' 혼잣말 하듯 중얼거려본다.

오늘 나의 첫 번째 상대(선수)는 누구일까?

엘리베이터에서 만날까? 아니면 지하철에서 만날까? 아니면 사무실에서 만날까? 상대 선수가 누구라도 좋다. 가슴 설레면 된다.

가수가 무대에 서기 전 가슴이 두근거리듯, 첫 라운드 티업에서 가슴 설레 듯하면 된다.

PART 3. 인사말 교본

1. 만남, 이름을 불러주라.

사람을 만나면 첫 말을 아주 특별하게 해야 한다.

그 특별한 것은 바로 이름을 불러주는 것이다.

아는 사람이든 새로 소개 받은 사람이든 상관 없다. 상대방의 이름을 불러주는 습관을 들여라. 이름을 불러 준다는 것은 그 사람을 알아준다는 뜻이며, 다가가고 싶다는 의사표시다. 알아준다는 것은 친절하다는 의미다. 어느 백화점 점원에게 물어보았다. 고객이 언제 고마워하냐고. 뜻밖에 첫째가 이름을 불러 주었을 때라고 했다. 이름은 불러줄 때 그는 내게 반가움이라는 선물을 줄 것이다.

한국인이 가장 애송한다는 김춘수님의 시 〈꽃〉을 패러디해보았다.

고객

내가 그의 이름을 불러 주기 전에는
그는 다만

하나의 나그네에 지나지 않았다.

내가 그의 이름을 불러 주었을 때
그는 나에게로 와서
고객이 되었다.

내가 그의 이름을 불러 준 것처럼
나의 이 빛깔과 향기에 알맞은
누가 나의 이름을 불러다오.
그에게로 가서 나도
그의 고객이 되고 싶다.

우리들은 모두
무엇이 되고 싶다.
나는 너에게 너는 나에게
잊혀지지 않는 하나의 고객이 되고 싶다.

2. 감탄사를 넣어라.

와우, 야! 등등의 감탄서가 저절로 튀어 나오게 한다. 내가 감탄사를 외치는 순간 상대는 내게 기쁨이라는 에너지를 보낸다.

3. 상대방의 특징을 찾아낸다.

그리고 그 특징을 칭찬해 주는 것이다. 다이어트를 하는 사람에게는 날씬해졌다든지, 예뻐졌다든지 등등. 새로운 헤어스타일을 했는지 새 옷을 입었는지 그 상황에 맞는 칭찬의 말을 건넨다.

나는 우연하게 길거리에서 여성 두 분이 만나 이야기 하는 것을 목격하게 되었다.

"예! 너 유나 아니니. 아이 기집애 몰라볼 뻔 했잖아. 어쩜 이렇게 이뻐졌어!"라고 인사하는 것을 보았다. 난 이 말을 듣고 하루 종일 기분이 좋아졌다. 이런 칭찬의 인사말은 상대방만 즐겁게 하는 게 아니라 길 가던 나그네까지 종일 기분 좋게 한다.

칭찬이 쑥스러우면 관심의 말을 건넨다.

인사를 칭찬의 수준으로 끌어 올리는 것은 나의 인격을 신의 경지로 올리는 것이다.

PART 4. 대화 교본

1. 7·2·1 대화의 원칙을 준수한다.

7은 듣는 것, 들리는 것을 그냥 듣는 게 아니라 주의 기울여 듣는다. 영어로 표현하면 히어링hearing이 아니라 리스닝listening이다.

2는 상대방의 말에 맞장구 치는 것, 상대방의 말에 흥을 복 돋우는 말이다. 상대방 말에 수긍의 표시, 인정의 표시다. 상대방이 한 말을 그대로 받아서 되풀이 하는 방법은 그 말뜻의 정확성을 확인하고 잘 듣고 있다는 믿음을 준다.

1은 자신이 하고자 하는 말을 한다.

이 1도 언어의 십일조를 먼저 실시한다.

농부가 들판에서 밥을 먹을 때 먼저 한 숟가락 고수래 하며 뿌려주듯 먼저 상대방에 대한 관심이나 칭찬의 말을 한다. 내가 하는 말의 10%는 상대방을 배려, 칭찬의 말로 시작한다.

특히 경영자나 간부 등 지도층에 있는 사람이라면 특별히 유념해서 한다. 왜냐하면 상사, 지도자가 하는 말은 늘 하는 말인 잔소리로 받아들이기 쉽기 때문이다. 이리되면 실행에 옮겨지지 않는다.

그래서 상대가 마음의 문을 열도록 길을 닦는 것이다. 자신의 말이 상대에게 갈 수 있도록 먼저 길을 닦아야 하지 않겠는가. 길을 닦지 않고 어떻게 가겠는가. 길이 없어도 밀고 가며 길을 내는 탱크나 불도저 같은 포스가 있다면 모를까.

이 말을 마중말이라 표현한다. 질문을 던져도 좋다. 질문은 상대방으로부터 알고 싶은 것을 끌어낸다. 이 10%의 마중말에 의해 상대방은 90%의 말 정보를 줄 것이다.

상대방에게 약속받고 싶거나 실천으로 옮기게 하고 싶은 것이 있다면 지속적으로 마중말 즉 질문을 통해 상대방 스스로 그 말을 하게 한다. 그러면 상대방은 자신이 직접 말을 했기 때문에 실행에 옮길 가능성이 높다. 이게 실천의 노하우다. 말을 할 때는 하는 것에 집중하는 것이 아니라 내가 한 말이 상대에게 전달되고 어떻게 가슴에 내려 앉는 지 보아라. 관찰하라. 상대방의 반응을 살펴라.

내 말이 상대방에게 어떻게 전달되고 싹을 틔우는지 보아라

그래서 말을 하는 것이 아니라 보는 것이라고 표현을 바꾼 것이다.

2. 마무리는 정리하고 확인하라.

의사 전달을 정확히 하기 위해서는 오늘 말의 의미를 정리하고 확인하

는 과정을 거쳐라. 그 요점을 상호 확인하라. 약속이라면 장소와 시간을 확인하고 준비물은 무언지 확인시켜라.

그리고 마무리 헤어질 때 인사말은 "오늘 정말 많은 것을 배웠습니다." 라는 말과 같이 겸손의 말과 상대를 높여주는 말로 맺어보자. 제자가 준비되면 스승이 나타난다는 말이 있다. 상대방으로부터 배우고자 하는 마음 가짐을 갖는 것이다.

관상을 보지 말고
발상을 보아라

Q 내일이 궁금하신가요?

　사람들은 미래를 알고 싶어서 점집을 찾는다. 사주를 보고 관상을 본다. 손금을 읽는 수상도 있다. 점쟁이는 아니더라도 관록이 쌓이다 보면 인상만으로도 많은 것을 판단할 수 있다. 또 행동거지를 통해 마음의 됨됨이 심상을 읽어보기도 한다. 그런데, 관상보다 수상보다 인상이나 심상보다 그 사람의 미래를 꿰뚫어볼 수 있는 방법이 있다. 바로 '발상' 이다. 누군가의 미래가 진짜 보고 싶다면 그 사람의 '발상법'을 꼼꼼히 살펴보라. 발상의 끝에 그 사람의 미래가 있다.
　앞날이 궁금하거든 관상이나 사주를 보러갈 일이 아니라 지금 무엇을 바라보고 있는지 잘 관찰하라. 과거가 흘러와서 현재의 나를 반드는 게 아니라 미래에 대한 발상이 지금의 자신을 만들고 있음을 알라. 지금 그대의 행동은 미래에 대한 발상이 만든다,

열심히 하지 말고 기발하게 하라

'열심히들 일해.' 참 많이 듣고 많이 해본 평범한 말이다. 그런데, 수십년 직장생활을 해보니 열심히 일하라는 말 만큼 심심하고 무미건조한 말도 없다. 누구인들 열심히 일하지 않겠는가? 열심의 기준은 무엇일까.

'열심히 일해' 라는 말을 좀더 구체화시켜보자. 적어도 '특별하게 일해' 혹은 '기발하게 일해' 쯤 되어야 남다른 결과물을 기대할 수 있지 않을까. 기발하다는 말의 기이할 기奇를 보자. 큰 대大에 가능할 가可자가 들어있다. 큰 것이 가능하다는 것이다. 열심히 하려고 하지 말라. 적어도 기발하게 일해야 큰 것을 이룰 수 있다.

잔소리는 쩐錢소리다

부모들이 잔소리 하는 데는 이유가 있다. 계속 반복해서 지겹기 이를 데가 없다. 나이 먹고 가정을 꾸리고 아이를 낳아도 노모의 잔소리는 그칠 줄을 모른다. 도대체 어머니는 왜 저리 같은 소리를 반복하시는 걸까? 요즘 아이들은 어른 말을 들으면 자다가도

떡이 생긴다고 하지만, 자다가 떡 먹으면 체할 뿐이라며 농을 한다고 한다. 어른의 말이 시의 적절하지 않다며 비꼬는 의미라고 한다. 세상이 너무 빨리 달라지고, 부모보다 똑똑한 인터넷 검색이 있으니, 어른의 잔소리가 점점 권위를 잃어가는 듯도 하다. 하지만, 생활로 체득한 지혜의 힘은 변함이 없다. 조심해서 해로울 것 없고, 살아보면 나를 다잡아주는 이야기들이 대부분이다. 이제 잔소리를 쩐소리─돈이 되는 소리─로 바꾸어 말해보자. 엄마가 잔소리를 하면 돈이 되는 소리려니 들어보라. 긍정의 마음이 해가 되는 경우는 없다.

왜냐고 따지지 말고 무엇이냐고 물어봐라

"왜 숙제 안 해왔어"

"왜 지각했어"

선생님의 질책 앞에 입술이 마르고 머릿 속이 하얘진다. 그러게… 왜 나는 지각을 하고 숙제를 안 해왔을까. 비난 받은 자의 모욕감과 자책으로 얼굴은 시뻘게지지만 딱히 대답할 말은 없다. '왜'라는 질문은 항상 그렇게 어렵다.

'왜'는 귀책사유를 본인에게 묻는 말이다. 당황됨과 동시에 심리적인 반발감을 유발하기도 한다. '왜'보다는 '무엇 때문에'가 더 부드러운 의문사이다. 이는 귀책사유를 본인이 아닌 다른 것으로 이동시켜 주기 때문인데, 듣는 이에게 곰곰이 따져보고 분석할 여유를 준다.

까닭 없이 화를 내는 아이가 앞에 있다면 '왜 화를 내니'라고 묻지 말고 '무엇이 너를 화나게 했니'라고 물어보자. 아이 스스로 따져보고 설명하다 보면 '왜'에 대한 답까지 절로 얻어진다.

칭찬하지 말고
칭찬을 즐겨라

Q 당신은 무슨 무기를 갖고 계신가요?

칭찬하는 습관은 공부습관보다 더 중요하다. 칭찬은 고래도 춤추게 한다고 하지 않는가? 사람을 춤추게 할 수 있다면 그보다 더 멋진 말이 어디 있겠는가?

문제는 칭찬의 강력한 힘을 알면서도 입이 잘 떨어지지 않는다는 것이다. 칭찬에 관한 책을 수십권 읽어봐야 무슨 소용이 있겠는가. 입에서 칭찬의 말이 술술 나오지 않는다면 말이다.

우리는 시간과 비용을 투자하여 리더십을 배우듯 칭찬을 배워야한다. 칭찬은 배우지 않고는 저절로 되지 않는다. 칭찬도 배움의 대상인 것이다. 내 몸에 착 달라붙을 때까지 익히는 것이다.

칭찬하기 위해 어떤 덕목이 필요할까.

첫째는 당연히 호감이다. 칭찬의 대상에 대해 긍정적인 태도를 가지고 있어야 하고 열린 마음이 있어야 한다.

둘째는 관심이다. "오늘 블라우스가 아주 이쁘네. 사무실이 다 화사해졌어" 상사의 칭찬에 싱긋 웃는 여직원. 그런데 실은 그 여직원은 전날 술먹고 외박해서 같은 옷을 입고 온 것이라면 어떡하겠는가? 칭찬 받았다는 느낌 보다는 말만 앞선다는 뒷이야기를 듣기 십상이다. 칭찬이 겉만 반지르르한 말이 되지 않기 위해서는 진심어린 관심이 필요하다.

다음은 용기와 실행력이다. 관심이 있다면 칭찬거리는 쉽게 발견된다. 처음에는 입이 쉽게 떨어지지 않겠지만, 진심이 담긴 칭찬은 다소 말이 어눌하더라도 그 마음이 전해지기 마련이다. 칭찬이란 관심 가득한 호감을 전달하는 것이며 마음에서 우러나오는 응원가이다.

칭찬습관이 몸에 배이면 그 다음 단계는 즐기면 된다. 칭찬의 효과는 즉각 나타나기도 하고 평생을 두고 나타나기도 한다. 언젠가는 반드시 나타난다.

칭찬은 돈, 감동 그 이상의 것을 가져다준다. 상대의 인격도 나의 인격도 쑥쑥 자라나는 그 짜릿한 쾌감을 맛보고 싶지 않은가?

지금 당장 책 읽기를 멈추고 실험해보아라.

글이나 말이 감동의 단계까지 이르기는 그리 간단한 일이 아니다. 각고의 노력과 연습이 필요하다. 감동의 단계에 이르렀다 해도 시간이 지나면 잊게 마련이다. 감동을 뛰어 넘는 것은 무엇일까?
그것은 강렬한 인상을 통해 추억으로 간직되는 것이 아닐까?

사진으로 담은 추억은 세월이 가면 빛바래지만 칭찬으로 각인된 추억은 세월이 가면 갈수록 점점 더 그리움으로 다가온다.
사람을 만날 때 그 상대는 늘 칭찬에 목말라 있다고 생각해보자. 이제부터 사람을 만나게 되면 그를 칭찬으로 추억을 만들어 주어보자. 그 방법은 칭찬이라는 게임을 즐기는 것이고 나와 그의 인격을 성장시키는 일이다.
상대를 내편으로 만드는 가장 쉬운 방법도 칭찬이요, 그를 기쁘게 하는 것도 칭찬이요, 감동시키는 일도 칭찬이다. 세상에 이보다 더 수지맞는 일이 어디 있겠는가
내가 갖고 있는 가장 큰 무기는 무엇인가
돈인가? 권력인가? 열정인가? 사랑인가?
돈보다 권력보다 열정보다 사랑보다 더 강력한 것 바로 칭찬이다.
이 무기는 평생을 두고 갈고 닦아야 할 과제다. 언제 어디서나 자유자재로 이 무기를 사용할 수 있는 사람이 있다면 그 사람이야 말로 힘 있는 사람이 아니겠는가? 돈과 권력을 가진 사람이 힘 있는 사람이 아니라 언제 어디서나 칭찬을 자유자재로 할 수 있는 사람이 힘 있는 사람이요, 인격자가 아닐까

칭찬은 없던 사랑도 불러온다.

친절하지 말고 친절을 배워라

성공학의 대가 브라이언 트레이시는 성공의 80%는 태도에 의해서 결정된다고 한다. 그렇다면 태도란 무엇인가? 사전을 보면 몸의 동작이나 몸을 가두는 모양새라고 되어 있다. 그 모양새 중에 가장 핵심이 친절일 것이다. 친절, 친구 할 때 親자를 보면 나무 木, 설 立, 볼 見자로 구성되어 있음을 알 수 있다.

이는 아비가 매일 마을 어귀 신작로가 내다보이는 곳에 있는 나무에 올라 집나간 아이가 돌아오기를 애틋하게 기다리는 마음이 담긴 것을 의미한다고 한다.

스포츠에서 자세가 좋아야 힘이 나오고 아름다움이 만들어지듯 우리 태도에서도 아비가 집나간 아이를 기다리는 그 간절함과 애틋함이 있어야 진정성이 우러나온다.

스포츠에서 힘과 아름다움은 올바른 자세와 연습, 연습, 연습에서 나온다. 인간관계에서의 친절한 태도 역시 연습, 연습, 연습에 의해 만들어진다. 친절은 스포츠처럼 끊임 없는 연습에 의해 이루어지는 배움의 대상이라는 인식을 갖자.

칭찬과 친절은 죽는 날까지 배우고 배워야 할 대상이요. 인격수양의 방법이요, 즐겨야 할 놀이다.

지시하지 말고
부탁하라

Q 같은 의미의 다른 표현을 듣고 기분이 어떻게 달라질까요?

"이 보고서 내일까지 해놓으세요."

"퇴근하려는 사람 잡아서 정말 미안한데, 내일 발표해야 할 중요한 자료여서 말야. 부탁해요."

지시는 직급이나 돈, 또는 나이가 상위에 있는 사람이 아랫사람에게 일을 시키는 행위이다. 지시받은 사람은 하기 싫어도 권위에 눌려 어쩔 수 없이 하게 되는 경우가 많다. 한마디로 지시를 받는 사람 입장에서 보면 그리 달갑지 않은 일이다. 예를 들면 퇴근하려는 직원을 붙들고, "이 서류 내일까지 어떤 일이 있어도 해야 돼 사장님의 지시거든"이라고 했을 때와 "아 이거 퇴근하려는 사람 잡아서 미안한데, 내일 중역회의에서 발표할 중요한 자료인데 좀 부탁해요."

지시와 부탁은 같은 일을 해도 다른 결과를 가져다 준다.

지시는 스트레스, 부탁은 보람을 가져다준다.

부탁은 상대를 존중하는 태도며, 존경심을 표현하는 말이다. 상대방에게 부담을 주려고 하는 것이 아니라 존중감을 표현하는 행위인 셈이다. 내성적인 사람일수록 부탁이 상대방에게 커다란 짐을 지우게 하는 것이라 생각하는 경우가 많다. 다른 사람의 부탁을 들어주는 것은 인생을 더욱 의미 있게 만드는 일이라는 것을 잊지 말아야 한다. 누군가를 도와주었을 때 자신의 존재감과 보람을 느낄 수 있다.

부탁하라! 그러면 이미 50%는 이루어진 것이다. 이루거나 못 이루거나 둘 중의 하나가 된다. 마음속에 담아두면 그것은 제로다. 아무것도 가져다 주지 않는다. 내가 아주 심각하게 고민하는 것을 상대방은 아주 간단한 일로 생각할 수 있다. 내가 평생을 해도 안될 일을 상대방은 그 자리에서 해결할 수 있는 일들이 많다. 모든 것을 혼자 다 하려 하지 마라. 들어줄 사람이 있다면 기꺼이 도움을 청해라.

부탁한 후에는 더 중요한 것이 남는다. 감사한 마음을 표현하는 것이다. 분명하게 감사의 마음을 지극한 마음으로 하라. 설사 상대방이 아주 간단하게 그 부탁을 해결해주었다 해도 최대한 크게 감사한 마음을 표현하라. '당신 아니었으면 도저히 할 수 없는 일이었어요. 이 은혜 잊지 않겠습니다' 등의 표현을 잊지 마라.

세뱃돈 보다
씨앗을 주어라

Q 설날 무슨 덕담을 하지?

해마다 설날이 되면 어른들은 '금년은 무슨 덕담을 하지?' '세뱃돈은 얼마나 주지?' 아이들은 '금년에 세뱃돈을 얼마나 탈까?' '어디다 쓰지?'와 같은 행복한 상상을 한다. 그래서 해마다 설날은 설렘으로 시작한다. 소망을 이야기하고, 꿈을 꾸고, 계획을 세우는 일로 나날이 즐겁다. 연초에 세웠던 결심들이 작심삼일에 그친 사람들에게는 구정은 다시 마음을 다잡는 기회가 된다.

어느 해 설날인가 아이들이 하는 이야기를 우연히 듣게 되었다. "금년은 지난해보다 경기가 좋지 않은지 세뱃돈이 줄었어요"하며 섭섭해 하는 아이, "고등학생이 되었더니 세뱃돈 단위가 달라졌어요" 하며 기뻐하는 아이 등 온통 세뱃돈에 대해 이야기꽃을 피우고 있었다. 어른들이 들려주는 덕담에는 관심조차 없고 오직 세뱃돈에만 관심이 있었다. 그도 그럴 것이, 덕담이라는 것이 "공부 잘해서 반장 되어야지" "건강이 최고다, 몸조심해라" "금년에는 좋은 배필 만나야지" 등 상투적인 것들이어서 아이들에게 큰 관심을 끌지 못하고 있었다.

나는 '이래서는 안 되겠다' 싶어 아이디어를 냈다. 세뱃돈 대신 아이들에게 맞는 책을 한 권씩 사다 주었다. 십여 명이 넘는 조카들의 이름을 책에 하나하나 정성 들여 적어주었다. 책이 귀했던 시절, 삼촌이 준 세뱃돈으로 책을 사들고 기뻐하던 나의 모습을 떠올리며.

몇 해 전부터는 방법을 다시 바꾸었다. 세뱃돈과 함께 아이들의 장점 10가지를 깨끗하게 적어 봉투에 넣어 주었다. 얼마 후, 아이들 방에 우연히 들어갈 일이 있었는데, 깜짝 놀라지 않을 수 없었다. 설날 세뱃돈과 함께 장점을 적어주었던 그 종이 한 장이 책상 앞에 보기 좋게 붙어 있지 않은가. 그 후로 나는 10여 년 이상 매년 이 일을 지속해 오고 있다. 아이들의 장점을 찾기 위해서 그들에게 더 많은 관심도 갖게 되었다.

아이들에게 하는 김에 아내의 장점도 예쁘게 적어 주었다. 그랬더니 아내 하는 말, "당신 나더러 이렇게 하라는 거죠?" 퉁명스럽게 말하면서도 싫지 않은 내색이었다.

'장점 찾기'는 쉬운 듯하지만 실천하기가 쉽지 않다. 어떤 이는 열 가지는 커녕 세 가지도 찾기 어렵다 하고, 어떤 이는 칭찬은 커녕 야단칠 일만 보인다고 한다. 그러나 장점을 열 가지 정도 찾으려면 최소한 몇 개월은 아이들을 유심히 관찰하고 대화를 해보아야 한다. 장점이나 칭찬거리가 아닌 것을 엉터리로 쓰면 아이들이 믿지 않는다. 그럴 바엔 단 한 가지라도 확실한 것을 쓰는 것이 낫다. 열 가지 칭찬 중 한 두 가지는 부모의 희망사항을 적어 주어도 좋다.

세뱃돈에만 관심을 갖던 아이가 이제는 '금년에는 어떤 칭찬이 들어 있을까?' 잔뜩 기대하는 눈치로 바뀌어 있었다. 나 또한 아이들의 장점을 찾는 과정에서 적성과 관심사를 알게 되었고, 그 과정은 또 하나의 큰 즐거움이 되었다. 그 후 나는 여러 친구들에게도 이 방법을 권했고, 후일에 그들은 엄지손가락을 치켜들며 대박이라고 일러 주었다. 엄마 아빠가 정성들여 적어준 장점을 일기장에 붙여 놓은 아이, 수첩에 끼워 놓은 아이 등 저마다 그 종이를 매우 소중하게 간직하고 있다고 했다.

어쩌면 아이들은 세뱃돈보다 이런 칭찬에 더 목말라 했는지 모른다. 나는 이제 설날에 세뱃돈과 함께 덕담으로 아이들의 장점이나 칭찬할 점을 찾아 주기를 권유한다. 이 작은 행위가 아이의 운명을 바꿀 수도 있다. 왜냐 하면 이는 아이의 미래에 대한 씨앗을 뿌리는 행위이기 때문이다. 우리 아이가 중학생 때 적어준 장점 중 하나는 '옷을 스스로 잘 골라 입는 센스가 있고 멋을 안다'였다. 그 아이는 커서 의상학을 전공했고 지금은 그 분야에서 일을 하고 있다.

나는 아이들이 군에 입대하기 전까지는 지속적으로 이를 실천하였고, 그 이후로는 편지로 대신했다. 인생의 중요한 전환점에 섰을 때, 이를테면 학교를 졸업한다든지, 대학에 입학한다든지, 군에 입대한다든지 할 때 어버이의 마음을 담아 편지를 보낸다.

실천을 망설이는 분들을 위해 내가 우리 아이들에게 주었던 덕담을 옮겨 본다.

아빠가 본 재현이 장점 10가지

1. 집중력이 있다.
한번 일에 빠지면 끈기 있게 집중력을 발휘하는 능력이 있다.

2. 일 처리를 깨끗하게 한다.
노트정리 등 맡은 일은 마무리를 깨끗하게 잘 한다.

3. 목표가 뚜렷하다.
자신의 인생목표를 스스로 정하는가 하면 운동목표도 정하여 잘 실천한다.

4. 옷을 잘 입는 등 멋을 안다.
키도 늘씬하고 옷도 스스로 잘 골라 입는 센스가 있다.

5. 모든 일을 스스로 잘한다.
공부 등 자신의 일은 스스로 알아서 잘해간다.

6. 만화를 잘 그린다.
열심히 애니메이션 그리기에 열중한다.

7. 피아노를 잘 친다.
악기를 통해 감성을 키울 줄 안다.

8. 메모를 잘 한다.
작은 것도 빼놓지 않고 잘 기록한다.

9. 약속을 잘 지킨다.
한번 약속한 것은 꼭 지켜 친구들로부터 믿음을 받는다.

10. 책임감이 있다.
자신이 맡은 일은 어떤 일이 있어도 끈기 있게 해내는 책임감이 있다.

아빠가 본 재윤이 장점 10가지

1. 인사성이 바르고 친절하다.
처음 보는 사람에게도 인사를 잘 하며 누구에게나 친절하다.

2. 사교성이 좋다.
친구마음을 헤아려주는 등 친구들과 잘 어울린다.

3. 밝고 쾌활하다.
성격이 낙천적이며 항상 웃는 얼굴이다.

4. 부모님 말씀 잘 듣고 효성이 지극하다.
엄마 아빠 말을 잘 듣고 항상 부모 입장에서 생각하려고 한다.

5. 어떤 일이든 열심히 한다.
공부를 할 때나 놀 때나 최선을 다해 열심히 한다.

6. 상상력이 풍부하다.
어떤 것을 생각할 때 비유하거나 상상하는 능력이 매우 뛰어나다.

7. 순발력이 뛰어나다.
어떤 상황에서도 당황하지 않고 순발력 있게 잘 대처한다.

8. 책임감이 있다.
자신이 맡은 일은 끝까지 책임감 있게 확실히 잘 해낸다.

9. 기억력이 좋다.
작은 일도 잘 기억하는 능력을 갖고 있다.

10. 손재주가 뛰어나다.
장난감 만들기, 종이접기 등 손으로 무엇을 만드는 재주가 뛰어나다.

제3장

성공을 부르는 섹시한 말

말에도 십일조가 있다

Q 십일조는 비용인가, 투자인가?

 종교적으로 십일조란 수익의 십분의 일을 내는 것이다. 나는 말에도 십일조가 있다고 생각한다. 내 말의 10%는 내가 하고 싶은 이야기가 아니고 상대방을 배려하고 칭찬해주는 말로 보언(補言)하는 것이다. 특히 관리자·지도층은 하고 싶은 말은 90%만 하고, 상대방을 위한 말 10%를 십일조로 내야 한다.

 대화의 법칙에 7대 2대 1의 법칙이 있다.

 7은 듣고, 2는 맞장구치고, 1을 이야기하라는 것이다.

 이 마지막 1의 이야기 중에서도 10%는 십일조로 떼어놓고 말하자는 것이 말의 십일조이다. 리더가 말하는 말의 십일조는 조직에게 큰 열매를 안겨주기 마련이다.

말의 십일조는 선물이다. 선물은 받는 사람이나 주는 사람 모두 가슴 설렌다. 특히 좋아하는 사람에 대한 선물은 선물을 고를 때부터 가슴 설레게 된다. 이게 좋을까, 이 색이 더 잘 어울리겠지 등등의 행복한 고민에 빠진다. 말 또한 그러하다. 이렇게 말해볼까? 아니, 이 말 보다는 이렇게 표현하는 게 더 낫겠지? 등등 시작 전부터 가슴 두근거린다.

기왕 말의 십일조를 할 때는 조금 과장해도 좋다. 지금은 당장 그렇지 않아도 결국 그 말대로 그렇게 만들어질 것이기 때문이다. 이를테면 상대방이 집에 있던 스카프 중 아무거나 생각없이 두르고 왔다고 하자. 이때 "민지씨 스카프가 잘 어울려요. 아주 멋져요."라는 표현보다 "역시 민지씨는 달라요. 스카프를 하나 골라도 센스가 있어요. 색감에 대한 감각이 뛰어난 것 같아요. 오늘 분위기에 딱이에요."라고 표현해보자.

이 말을 들은 민지씨는 그 순간부터 자신이 색을 고르는 센스가 있다고 생각하게 된다. 그리고 이후부터는 색을 고를 때 좀 더 고심하게 되고 결국 색에 대한 이해가 깊어지게 되어 그녀는 분명 색에 대해서 만큼은 센스 있는 여성으로 거듭나게 된다.

기왕 하는 것 평생 잊혀지지 않을 만큼의 멋진 말을 선사하자. 칼로 베인 상처는 일주일이면 낫지만 말로 받은 상처는 죽을 때까지 가져간다. 물질적인 선물은 그 물건을 사용할 때까지만 기분 좋다. 진정성이 담긴 칭찬 한마디, 나의 재능을 인정해주고 평가

해주는 말 한마디, 사랑한다는 한마디의 말 선물은 죽는 순간까지 가슴 설레게 만든다.

나의 말 중 10%는 어떤 상황이든 상대가 누구이든 제일 먼저 떼어서 선물하자. 상대방이 이제껏 들어본 말 중 가장 멋있다고 생각되는 말, 본인도 미처 생각하지 못했던, 그 사람이 갖고 있는 능력이나 매력을 찾아내어 선물로 주어보자.

이 말의 선물은 그 사람의 운명을 바꾸어 놓을 수도 있다. 또 이러한 선물 습관은 나의 성공을 결정하고 나의 행운을 결정하고 나의 행복을 결정하고 나의 인격을 완성하는 결정적인 역할을 할 것이다.

공장을 캠퍼스로 만들어라

Q 당신이 가장 많이 쓰는 업무상 발언은?

"생산과장, 요즘 불량률은 어찌 되나요?"

→ "생산과장, 오늘 업무에선 뭘 배웠습니까?"

"영업과장, 오늘 얼마나 팔았습니까?"

→ "영업과장, 오늘 만난 고객은 무슨 말씀을 하시던가요?"

길동씨는 회사에 다니고 갑돌씨는 공장에 다닌다. 스스로도 그렇고 남들도 회사와 공장을 구별해서 부른다. 회사와 공장의 차이는 무엇일까? 이 용어들은 적절할까?

속된 표현을 동원하면 갑돌씨는 작업복을 입고 공장에서 일하는 소위 공돌이다. 그의 일터와 관련된 용어는 어딘가 비하하는 듯한 뉘앙스가 풍겨진다. 긍정적이고 성실한 성품이라 해도 직장에 자부심을 갖기는 쉽지 않을 것이다.

직장은 무엇을 하는 곳일까? 과거 직장은 평생 밥을 먹여주는 곳이었지만, 평생 직장이 사라지고 조기 명퇴가 일반화되면서 든든한 '경제적 기반'으로 보기엔 무리가 있다. 차라리 일시적으로 밥값도 벌고 경력도 쌓을 수 있는 곳으로 보는 것이 정확할 것이다. 그렇다면, 직장은 무엇으로 정의해야 할까? 결국 현대의 직장은 '배우는 곳'이 아닐까. 나는 오래 전부터 '공장'이란 용어를 '캠퍼스'로 바꾸자고 주장해왔다. 그래서인지 몇 년전 S전자는 수원사업장을 시작으로 기흥·화성·온양 사업장까지 '대학 캠퍼스형 공장' 프로젝트를 확대해왔다. 이름이 캠퍼스로 바뀌면서 산책로·카페·갤러리 등이 조성되었고, 배움의 장으로서 직장의 성격이 강화되기 시작했다.

왜 직장은 '배우는 곳'이어야 할까? 배움의 장에서는 성장에 초점이 맞추어지게 되며 성장하는 인간은 비전이 있고, 미래가 있으며, 투지와 열정이 생기고 행복하기 때문이다. 성장을 도와주는 회사는 성과를 중시하는 회사 보다 더 혁신이 활발히 이뤄진다. 노동에 의해 부가가치가 생산되는 것이 아니라 학습을 통해 고부가가치가 생산된다.

공장에서 사용되는 언어를 살펴보자. 보통 생산과장에게는 "불량률이 얼마나 되는가"라고 묻게 된다. 하지만, 이 질문 대신 "오늘 작업에선 뭘 배웠습니까?"라고 묻는다면 어떤 일이 벌어질까?

수치를 억지로 맞추려는 노력이 사라질 것이고 매일 무언가를 배우려고 노력하게 될 것이다. 그리고 생산과장은 자신이 배움의 과정에 있음을 깨닫게 되고 행복해질 것이다. 마찬가지로, 마케팅 과장에게 "오늘 실적은 어찌 되는가?"라고 묻는 대신 "오늘 만난 고객은 어떤 말을 하던가요?"라고 물어보자. 그는 마케팅 과정에서 나타난 문제점을 미화하여 포장해서 보고하는 대신에, 고객의 목소리를 그대로 전달하고 그 과정에서 어떤 혁신이 필요한지 니즈와 원츠를 발견하는 데 집중하게 될 것이다. 좋은 질문만큼 혁신에 효과적인 것은 없다. 회사의 직원은 캠퍼스의 열정적인 학생이다. 리더는 그들의 멘토로서 능력을 십분 발휘하도록 이끌어내는 데에 열중해야 한다.

직장인 중에는 봉급이 적어서 불만인 사람들도 많다. 그렇다면 이렇게 생각해보는 것도 좋다. '나는 캠퍼스에서 매일 배우고 있고, 봉급은 장학금이다.' 이렇게 생각하면, 설령 받는 돈이 적다 한들 불평이 생길 리 없다. 나는 배우고 있고 성장의 과정에 있으며 게다가 장학금까지 받으니 얼마나 기쁜 일인가. 일터를 선택할 때 중요한 것은 연봉 계약서에 적힌 숫자가 아니라 '당신이 배울 수 있는 최적의 캠퍼스인가' 이다. 장학금이 적어도 많이 배울 수 있는 직장이라면 최고의 직장이 아닌가. 꿈을 이룰 기회가 그곳에 있기 때문이다.

5단계 카운슬러 자신의 일에 대하여 남다른 자긍심을 갖고, 의미부여를 통해 일과 그 결과에 대하여 새로운 지평을 연다.

4단계 엔터테이너 자신의 일에 대하여 창의성을 발휘하여 자발적으로 연구하고 즐길 줄 안다.

3단계 매니저 자신의 일에 대하여 시키지 않아도 스스로 찾아서 알아서 처리한다.

2단계 기사 자신의 일에 대한 자부심을 느끼기 시작했으며 일에 대한 책임감을 갖는다.

1단계 운전수 주어진 일을 주인이 시키는 대로 하며 일을 단순히 생계의 수단으로 생각한다.

 운전이라는 같은 일을 하더라고 그 일에 대하여 어떤 마음을 갖고 있느냐에 따라 일의 보람과 성취감 행복감이 달라질 수 있다. 하는 일보다는 그 일을 대하는 마음가짐이 더 중요하다. 자 그럼 지금 내가 하고 있는 일이 어느 단계에 와 있나 생각해보자.

열심히 일하는 사람
빨리 해고하라

Q 일을 너무 열심히 하면 동료가 힘들다?

인간은 본디 일하기 싫어한다. 성경에는 아담과 이브가 에덴동산에서 금단의 열매를 따먹은 후 '사역'이라는 벌을 받게 되었다고 말한다. 인간의 머리 속에 일은 '징벌의 대가'라는 무의식이 깔려있다.

나는 일을 너무 열심히 하는 사람은 해고하라고 말한다.

일을 너무 열심히 하면 땀이 나고 허리가 아프고 스트레스가 쌓인다. 문제는 이 스트레스라는 것이 강력한 전염성이 있다는 것이다. 일을 너무 열심히 하는 사람은 빨리 퇴출시켜야한다. 물론 사람을 퇴출하는 것은 힘드니까 일만 하려는 마음을 퇴출해야 한다. 그 빈자리에는 일을 배우려는 마음이 들어서야 한다.

똑같은 일을 시켜도 어떤 사람은 휘파람을 불며 하고, 어떤 사람은 디스크에 걸린다. 이 차이는 어디서 생기는 걸까

휘파람을 부는 사람은 일을 배우고 있는 사람이다. 일을 배우며 스스로 성장하고 있으니 절로 흥이 난다. 반면, 시간을 때워 돈을 벌려는 사람은 '노동의 벌'을 받고 있는 셈이다. 노역 중인 그는 아프지 않은 곳이 없다.

당신은 일을 하고 몇 푼의 돈을 받고 있는가. 일을 배우고 장학금을 받고 있는가.

CEO → 총장

일은 곧 학습이고, 일터는 캠퍼스이다. 자연히 CEO는 총장이 된다.

작업복 → 가운

판사나 의사가 입는 옷은 '가운'이고 공장근로자의 옷은 '작업복'인가? 존경받는 직업의 유니폼을 '가운'이라고 부른다. 이제 작업복 대신 '가운'이란 이름을 사용해보자.

공돌이·공순이 → 학생

언어는 우리 생각보다 더 강력한 힘을 발휘한다. 중소기업 CEO인 당신, 당신은 공돌이, 공순이와 일하고 싶은가, 최고의 인재와 일하고 싶은가? 부정적인 단어를 버려라. 공돌이 공순이가 아니라 '우리 학생'이라고 불러라.

사장님 지시사항 → 당부말씀 · 부탁의 말씀

사장님 '지시'사항이란 말엔 사장님이 명령자라는 입장이 숨어있다. 자연히 사람들이 받아들일 때 거부반응을 나타낼 때가 있다. 지시사항이라는 말 대신 사장님의 당부말씀, 부탁의 말씀… 이라고 말하면 지시하고 조정하는 사람이 아니라 도움을 요청하는 사람이 된다. 단어 하나를 바꿔도 리더십의 품격이 달라진다.

관리자 → 관찰자 · 협력자 · 코치

관리는 감시하고 지시하는 성격의 단어이다. 조직의 리더는 관리가 아니라 인재 한명한명을 바라봐주고 도와주며 바른 길로 이끌어주는 사람이다. 관리자라는 단어는 관찰자 · 협력자 · 코치라는 말로 바뀌어야 한다.

작업자 → 연구원 · 개선자

모든 직원은 자신의 임무에 골몰하고 매일 배워 혁신을 도모하는 사람들이다. 따라서 작업자는 연구원이며 개선자이다.

직장 → 수련원(인격수련원)

직장을 다니다보면 별별 인격을 만나게 된다. 그럴 때는 스트레스의 노예가 되지 말고 직장은 '인격수련원'이라고 생각해보자. 수련이 끝나면 당신은 외부자극에도 흔들림이 없는 '도인'의 경지에 이르게 될 것이다.

경비실 → 영접실

고객은 정문을 통해 온다. 어떤 사람은 친절하게 맞고 어떤 사람은 의심의 눈초리로 쳐다본다. 경비라 하면 위협적인 것으로부터 회사를 지키는 사람이다. 그런데, 경비의 역할을 도둑으로부터 회사를 지키는 것으로 한정시킬 필요가 있을까. 하물며 군대조차 친절봉사라는 푯말을 붙여놓는데 말이다. 안내데스크가 따로 있다고 해도, 경비실은 외부 손님을 맡는 영접실을 겸해야한다. 웃으면서 손님을 맞는 최소한의 친절과 안내의 역할을 해야 한다. 경비실은 영접실로 바뀌어야한다.

총장선언문은 내 강의 마지막에 하는 의식이다.
CEO가 직접 총장임을 선언하는 의식을 갖는 것이다. 이는 기업을 학습의 전당으로 만들겠다는 의지의 표현이다. 기업을 일하는 곳에서 배우는 곳으로 바꾸는 의식혁명이다. 이 개념이 서면 그 하위 개념들은 우르르 무너진다. 변화하자고 혁신하자고 주장할 필요가 없다. 혁명에 가까운 변화가 일어난다. 당장 지금 기업의 개념을 바꾸어보자.

총장선언문

나 전영순은 기운센 대학의 총장이 됨을 선언합니다.
오늘부터 일은 곧 학습이라는 인식을 갖고 인재양성과 사회공헌, 인류발전을 위해 이바지할 것을 스스로 다짐합니다.

1. 노동을 통해 부가가치를 생산하는 것이 아니라 학습을 통해 고부가가치를 생산한다.
1. 직원은 노동자가 아니라 학습자로 인식하고 일은 노동이 아니라 학습이요 놀이다.
1. 기업은 인격수양의 장이요, 사무실은 캠퍼스요, 사회공헌의 터전이요, 나아가 인류발전을 위한 무대다.
1. 세계는 앞마당이요, 나의 무대다.
1. 고객은 팬이요, 친절은 생명이다.

2012년 3월 2일
증인 : 중소기업 연수원 교수 이경열
(E-mail: smiletech@hanmail.net)

배우려하지 말고 겸손해라

Q 다음 중 배움의 능력이 가장 뛰어난 사람은?

① 학벌이 뛰어난 사람

② 부모가 관련 업계에 종사하고 있는 사람

③ 활동적이고 자신감이 넘치는 사람

④ 성취욕이 강하고 정확한 사람

⑤ 겸손한 사람

인생은 배움의 연속이다. 잘 배우려면 어떤 자질이 필요할까.

IQ? EQ? NQ? 높을 수록 좋은 각종 지수들이 떠오른다. 하지만 이 모든 것보다 중요한 잘 배우기 위한 자질은 '겸손'이라고 나는 생각한다.

잘 배우는 사람은 겸손한 사람이다. 내가 부족하다고 생각하고 항상 열려있는 사람은 작은 것도 놓치지 않는다. 모자랄 것이 없는 젊은이인데 자신을 한없이 낮추니 주변에서도 절로 가르쳐주고 싶어진다.

반면 머리 좋고 스펙 좋은 신입사원인데 '겸손'이 없어 제대로 못 배우는 사람이 의외로 많다. 선배가 가르쳐주려고 해도 '대단한 줄 알았는데, 가까이서 보니 별거 아니네.' '조금만 배우면 내가 더 잘하겠는 걸' 이런 태도를 보이니 가르쳐줄 맛이 떨어지는 것이다. 가르치는 쪽도 의욕이 없고, 배우는 쪽도 의욕이 없으니 제대로 '배움'이 이뤄질 리 없다. 직장생활 만고불변의 진리는 잘 배우는 사람이 오래 버티고 성공한다는 것이다. 잘 배우고 싶다면 겸손하라. 그것으로도 충분하다. '제자가 준비되면 스승이 나타난다' 라는 말이 있다. 여기서 준비란 겸손을 일컫는 말일거다. 내가 겸손하면 삼라만상이 다 스승이 되어 온다. 작은 이름 모르는 풀꽃의 아름다움을 알고 싶으면 허리를 숙여야 제대로 볼 수 있다. 허리를 숙여야 꽃의 아름다움도 배움의 즐거움도 느낄 수 있다.

취직하지 말고 취업하라

현존하는 일자리의 80%가 10년 안에 없어질 것 -미국 정부

2009년 부업을 가진 직장인은 40% - 일경BP

평생직장의 종말로 10년 후 80%가 비정규직 - 호주 노동조합

앞으로 많은 사람이 기업이 아웃소싱하는 프로젝트에 일시적으로 합류하는 임시직으로 일하게 된다. 15년 후 직장을 얻는 사람은 39개의 일자리를 옮겨 다니며 프리랜서나 프로젝트에 따른 계약직으로 일하게 될 것 - 미래학자 박영숙

과거의 기업은 충성만 하면 모든 것을 보장해주었다. 정년을 보장했으며 연공서열에 따라 승진을 시켜주었고, 아이들 등록금은 물론 퇴직 후 연금도 주었다. 좋은 직장에 취직한다는 것은 안정

적인 인생을 위한 종합선물세트를 받는 것이었다.

안타깝게도 인생의 안전망 같던 평생직장은 사라지고 있다. 미래학자들은 심지어 연봉제도 점차 사라질 것이라고 한다. 개인과 기업이 계약을 맺고 평생 함께 하는 형태는 축소되고 기업이 아웃소싱한 프로젝트에 일시적으로 합류하는 임시직 형태로 일하게 된다는 것이다.

지금의 대학생은 최소한 5~6개의 직업을 갖게 될 것이란 이야기도 나오는데, 그렇다면, 어떤 관점에서 직장을 선택해야할까?

일단 '취직한다'는 개념은 '취업한다'는 개념으로 바뀌어야한다. 어떤 직위를 갖게 되든 그것은 인생에서 잠깐 갖게 되는 직책일 뿐이다. 대리인지 과장인지 보다 더 중요한 것은 평생 직업의 스펙을 바라보는 입장에서 어떤 의미가 있느냐는 것이다. 직職의 스펙을 쌓는 것보다는 업業의 스펙을 쌓는 것을 고심해야한다. 자신이 잘 할 수 있는 일, 몰두할 수 있는 일이라면 연봉이나 지위는 2차적인 문제가 된다. 나의 특성과 잘 맞는 업을 만나면 일은 저절로 술술 풀리고 성공을 거머쥐게 된다. 또한 평생 업의 전문가가 되어 달라지는 직업환경에 유연하고 효과적으로 대처할 수 있을 것이다.

능력은 개발하지 말고 써라

Q 당신이 다음 직업으로 가능하다고 생각되는 것에 모두 동그라미를 치시오.

선생, 의사, 화가, 목수, 사진사, 숲 관리인, 아파트 관리인, 번역가, 변리사, 농부, 어부, 양봉인, 과학자, 대통령, 목사, 스님, 음악가

내가 가진 능력을 발견하고 그 능력을 높이는 일을 우리는 '능력개발'이라고 표현한다. 이 단어에는 타고난 능력이 존재하며 그것이 발견 가능하다는 것을 전제로 한다. 교육학자들에 의하면 타고난 능력, 즉 재능이란 유난히 빠르게 학습했던 분야, 여러 상황에서 반복되는 행동, 지금까지 끌려왔던 것들 속에 있다고 한다. 우리가 부딪히게 되는 문제는, 스스로의 재능에 대해 고민하게 될 나이가 되면 지금까지 경험한 교육의 양, 심리적인 장벽 등이 이

미 형성되어 있어서 그 능력이란 것을 구별해내기가 쉽지 않다는 것이다. 능력을 개발한다는 것은 무에서 유를 창조하는 것만큼이나 까다로운 작업처럼 느껴지기도 하고 마치 한두 개에 한정되어 있는 듯한 착각을 불러일으키기도 한다. 사실 우리에게는 수십 개의 잠재능력이 있는데도 말이다.

오히려 능력은 개발하는 것으로 접근하기 보다는 주머니 속의 두둑한 지갑의 돈처럼 쉽게 쓸 수 있는 것으로 생각하면 간편하다. 당신의 지갑 속엔 언제나 돈이 두둑하게 들어있다. 게다가 쓰면 쓸수록 더 많이 채워진다. 능력(재능)의 마법같은 속성이다. 반대로 쓰지 않으면 녹이 슬어 사라져버린다.

'나에게 어떤 재능이 있을까?'를 고민하지 말고 재능지갑을 열고 싶은 순간마다 스스럼없이 지갑을 열어 맘껏 능력을 써보자. 능력을 개발하고 싶거든 능력을 써보아야 한다. 쓰면 쓸수록 당신이 타고난 재능은 기하급수적으로 불어나고 부귀로 인도할 것이다.

적는 사람이 놀 자격이 있다

Q 적자생존을 아십니까?

　수원화성은 잘 알려져 있다시피 세계문화유산으로 등록되어 있다. 사실 화성은 옛 그대로 보존되어 있지 않았었다. 많이 훼손되어 상당부분 복원된 유산이다. 그럼에도 불구하고 세계문화유산 등재가 가능했던 것은 수원화성에 대한 축조방법이 기록으로 잘 보존이 되어 있기 때문이다. 그 기록인 『화성성역의궤』 역시 세계기록문화유산으로 등재되어 있다.
　이순신 장군의 23전 23승의 대기록도 『난중일기』가 없었다면 제대로 평가받지 못했을 것이다. 거북선에 대한 기록, 용병술, 전술의 처음과 끝 등 소상한 기록이 있었기에 그의 업적은 더욱 빛날 수 있었다.

적자생존… 적는 사람이 살아남는다는 우스갯 소리이다. 나는 여기서 적자승자, 적자부자, 적자놀자 라고 말하고 싶다. 기록하는 자가 승리하는 자요 부귀를 얻으며 신나게 놀 수도 있다는 의미이다.

『세종실록』을 보면 '임금이 이것은 적지 말라' 는 것도 다 적는다. 왕의 일거수일투족을 모두 기록하는데 어떻게 나쁜 길로 가겠는가. 기록하면서 바른 길로 유도한다. 자식이 부모에 대한 일대기를 쓰면 세상은 바른 길로 갈 수밖에 없다. 기록으로 남기는 것은 투명해지는 것이고 바른 사회로 가는 것이다.

무딘 몽당 연필이 천재의 기억력보다 낫다라는 말이 있다.

적는 순간 정리된다. 정리해서 적는 것이 아니라 적다보면 정리된다. 아이디어가 있어야 메모하는 것이 아니라 메모하다 보면 아이디어가 떠오른다. 일단 적어라. 적자생존. 적는 사람이 살아남는다. 그곳에서 길이 열린다.

고달픈 게 아니라
고달픈 연기를 하는 거다

Q 지금 너무나 불행하다면 이런 상상을 해보라.

나는 '연극배우인데 _____하는 역을 맡은 거야.'

예를 들면

'나는 연극배우인데 가난한 가장의 역을 맡은 거야.'

'나는 연극배우인데 햄릿처럼 우유부단한 역할을 맡아 항상 망설이다 스스로 일을 망치는 사건이 반복되고 있어.'

'나는 연극배우인데 만년과장 역할을 맡았지. 만년 과장에겐 어떤 슬픔이 있을까. 최고의 엔딩으로 어떤 것이 가능할까.'

'나는 연극배우인데 사랑에 실패하는 역을 맡았지. 그 다음엔 어떤 이야기가 펼쳐질까. 그 다음 이야기는 … 내가 만들어 볼까.'

'나는 연극배우인데 아이 없는 부부의 배역을 맡은 거야. 고통

은 어떤 방식으로 극복될 수 있을까.'

지금의 현실이 힘들다면
나는 지금 사장의 역할을,
거지의 역할을
작가의 역할을
은행원의 역할을
맡고 있다고 생각해보자.

이 상상은 당신에게 현실로부터 일어날 힘을 주고
무대 밖에서 연극의 캐릭터와 플롯을 분석하듯
운명을 분석할 냉정함을 줄 것이다.

또, 만일 무엇이 되고 싶다면 마치 그 사람인 양 행동하는 연극도 효과가 있다. 누구를 닮고 싶다면 잠시 동안 그 사람처럼 입고 그 사람처럼 말투도 고치고 그 사람과 똑같이 따라 해보아라. 그러다 보면 그 사람을 능가하는 방법이 보인다.

난 가끔 힘들거나 슬픈 일이 있을 때 이런 생각을 한다. '그래 난 지금 무대에서 연기를 하고 있는 거야. 잠시 힘든 배역을 맡았을 뿐이야. 이 역할에 충실하다보면 더 좋은 역할도 주어질 것이야' 라며 위로하곤 한다. 이렇게 생각하면 놀랍게도 고난이 고난이 아니고 그냥 스쳐 지나가는 바람처럼 느껴져 온다. 마음이 평온해진다. 역할이 내 마음에 맞지 않는다고 거부할 것인가? 어떤 역할이든 잘 소화해 내는 배우가 진정 멋진 배우가 아니겠는가?

리더십이라는 배를 띄워 보내라

Q 배와 브릿지의 차이는?

배는 섬과 섬을 이어주는 역할을 한다.

그런데, 영어에는 유독 –ship으로 끝나는 단어가 많다. –ship으로 끝나는 단어들을 정리해보며 재미있는 생각이 들었다. 리더십·프렌드십·파트너십·워십·맴버십…

문제는 이 –ship들이 마치 배처럼 중간에 풍랑을 만나면 쉽게 사고가 나고 깨진다는 것이다. 주변 환경에 따라 리더십도, 프렌드십도, 파트너십도 흔들리고 부서지는 것을 우리는 너무 많이 목격해왔다.

그럼, –ship이 아니라 무엇이 필요할까.

섬과 섬을 연결해주면서 깨지지 않는 것이라면 바로 브릿지가 아닐까 한다. 때로 리더십이나 프렌드십, 파트너십보다 더 단단한 관계가 존재한다. 서로 다른 섬에 존재하지만, 무너지지 않은 브릿지가 있어서 항상 연결되어 있는 관계이다. 어떤 것들이 이런 브릿지를 형성할 수 있을까?

브릿지는 변하지 않는 관계의 끈이고 수십 년 쌓아온 이해관계나 믿음, 혹은 공통의 신념일 수도 있다. 어떤 섬과의 관계를 지속시키고 싶다면 –ship으로 연결되어 있는지, 브릿지가 존재하는지 고민해 봐야 한다.

이제 리더십의 시대는 끝났다는 게 내 생각이다. 그런데 지도자가 되고 싶은 사람들은 지금도 리더십에 매달려 있다. 아이들에게 가르치려고 하면 반기를 들 듯, 조직원들도 앞에서 횃불을 들고 날 따라와 하는 식의 리더십에는 반기를 드는 세상이 되었다.

리더십을 배울 일이 아니라 그들에게 어떻게 하면 더 가까이 다가갈까를 생각해야 한다.

서울대학교 안철수 교수의 리더십은 무엇인가? 그 스스로가 리더십을 발휘함으로써 국민의 마음을 움직였는가? 그는 국민의 마음 특히 젊은 층에 다가가 그들의 고통을 이해하고 위로해 주었다.

그들에게 가까이 다가가는 방법은 간단하다. 그들과 같은 처지가 되는 것이다. 내 지인 중에는 간을 이식받은 사람이 있다. 어느 날 그 분과 저녁을 같이 하게 되었는데 충무로 뒷골목 으슥한 곳으로 안내를 하는게 아닌가? 그 식당이 음식을 특별히 잘해서도 아니다. 자신과 똑같이 식당주인 역시 간을 이식받았다는 사실 하나가 그를 골목길로 인도했다.

리더십은 아주 위험하다. 이끌려하지 말고 그냥 다가가서 그와 같은 처지가 되어보아라. 그 자체만으로도 얼었긴 얼음이 녹는다. 이끌려하지 말고 먼저 다가가 그들과 하나 되어라.

리더십이라는 배는 이제 띄워 보내라. 나는 배를 갖고 있지 않다고 생각해라. 언제나 자주 왕래할 수 있는 다리가 되었든, 그물처럼 촘촘한 망을 치든, 아니면 아예 하나가 되든 다른 방법을 찾아보아라. 내가 먼저 검소한 생활로 모범이 되고 겸손한 태도를 보이면 이끌려 하지 않아도 그냥 저절로 따라온다. 리더십으로 사람을 이끌고 마음을 얻는 시대는 지났다.

큰놈에 붙어가면
큰놈보다 빨리 간다

Q 파리가 말보다 더 빨리 가는 방법은?

파리가 말보다 더 빨리 가는 방법은 무얼까. 답은 말머리에 붙으면 더 빨리 갈 수 있다. 바로 부기미^{附驥尾}, 명마의 꼬리에 붙는다는 사마천의 고사이다.

사마천이 지은 『사기』, 「열전」의 백이숙제편을 보면, 이 대목의 마지막에 다음과 같은 구절이 있다. "구름이 용을 따르고 바람이 호랑이를 따르듯 성인이 세상에 나타나고 나서야 만물도 빛을 보게 되는 것이다. 백이 숙제는 현인임에 틀림없으나 공자가 그들을 찬양함으로써 더욱 세상에 드러나게 되었다. 안연도 학문에 충실했지만 공자의 '기미^{驥尾}에 붙음으로써' 그 품행이 더욱 세상에 드러나게 된 것이다."

무엇이든 스스로 하지 말고
자기보다 뛰어난 사람에게 동승하면
큰 것을 얻을 수 있다.
힘이 약한 기업도 힘 있는 사람에게 붙어서 가면
자신이 가지고 있는 능력보다 많은 것을 이룰 수 있다.

이를 테면 중소기업이 신제품을 개발하였다고 가정하자. 이를 팔기 위해 새로운 유통망을 만들고 조직을 만들고 사람을 뽑아야 한다. 그 전에 잠시 생각해보자.

여기에 투자되는 비용과 시간 노력 대신에 기존의 대기업이 갖추어 놓은 유통조직에 숟가락 하나 더 올려놓으면 어떨까. 찾아보아라 분명 방법이 있다. 직접 만드는 것보다 기존의 것을 이용하면 훨씬 쉽게 가는 방법이 있다.

부탁은 절반의 성공이다

Q "죄송하지만 부탁 좀 드리겠습니다."

누군가 당신에게 이렇게 말을 꺼냈다. 당신은 어떤 기분이 들까?

살다보면 부탁을 받을 때가 있다. 어렵게 말을 꺼낸 이가 안쓰럽기는 하지만, 대부분은 골치 아픈 일이 생길까 덜컥 겁이 나기가 쉽다. 긍정적인 사람이라면, 나 같은 사람에게 부탁할게 있나 호기심이 생길지도 모르겠다. 누군가에게 '부탁합니다'라는 말을 들었다면 '제가 길을 열어드리겠습니다'로 바꿔서 들어보자. 다시 말해 부탁하다란 말은 "제가 당신의 능력을 발휘할 길을 열어드리겠습니다."로 바꿀 수 있다. 실제로 많은 위대한 업적이 '부탁'에서 시작되었다.

성공학의 아버지라 불리는 나폴레온 힐^{미국 작가, 1883. 10. 26.-1970. 11.}

8. 역시 부탁을 받으며 길이 열렸다. 기자였던 그는 철강왕 앤드류 카네기를 인터뷰하게 되었는데, 카네기는 자신이 성공한 인물들을 소개해줄테니 미국에서 가장 영향력 있는 사람의 성공비밀을 알아보라고 부탁했다. 물론 무보수로 말이다. 나폴레온 힐은 이것이 부탁이 아닌 새로운 기회가 열리고 있음을 감지했다. 그는 헨리 포드 · 토머스 에디슨 · 알렉산더 그레이엄 벨 · 존 D. 록펠러 · Jr. 시어도어 루즈벨트 대통령 · 윌리엄 하워드 태프트 대통령 · 라이트 형제 등 당대의 주름잡는 명사들을 만나 그들의 성공 DNA를 알아냈고 그를 성공학의 아버지로 만들었다. 만약 무보수라는 이유로 카네기의 부탁을 거절했다면 불가능했을 일이다.

이제 남의 부탁에 적극적으로 응할 필요가 있다. 부탁받는다는 것은 나의 능력을 적극적으로 개발시킬 기회를 얻는 것이다. 더불어 아쉽거나 부족한 사람에게 특별한 선물을 주는 것이니 이 또한 훗날 더 큰 인연이 되어 돌아올 수 있다.

시작이 절반이라는 말이 있다. 부탁 또한 절반의 성공이다. 들어주거나 들어주지 않거나 절반의 확률이다. 가만히 있으면 0%다. 지금 당장 부탁의 말을 건네 보자. 또한 남의 부탁도 들어주면 내게 예기치 않은 기회가 온다.

마음을 다스리려면
행동부터 통제하라

Q 마음가짐에 따라 행동이 달라질까?
행동에 따라 마음가짐이 달라질까?

사람들은 마음 상태로 행동과 언어가 나오는 줄 알지만 사실은 행동과 언어를 통해 감정이 나오는 경우가 더 많다.

그래서 배우들은 일반 사람들보다 더 과장해서 몸의 언어를 연기하기도 한다. 긴장이란 감정을 표현하기 위해 일부러 손을 떨거나 눈썹을 떨기도 하고, 놀람을 표현하기 위해 눈을 일부러 크게 뜨기도 한다. 행동을 흉내내다 보면 감정이 뒤따라 생겨나기 때문이다. 행동이 감정을 끌어내는 것이다.

나는 지금 우울하지 않지만 쪼그리고 앉아 있으면 우울해질 가능성이 높다. 마음이 꾸물꾸물해도 어깨를 펴고 직선으로 씩씩하게 걸으면 어쩐지 든든한 기분이 든다. 어려서부터 바른 자세를 습관들이는 일이 중요하다.

기분이 우울하다면 휘파람을 불어보자. 휘파람이 절로 나오는 상황이면 좋겠지만, 억지로 불어도 홀가분하고 즐거운 기분이 절로 생기게 된다. 몸을 움직여서 감정을 조절하는 것이다. 옷도 외양의 일부분이라 옷을 달리 차려입는 것만으로도 효과를 볼 수도 있다. 단정히 정장을 차려 입은 날은 말도 정중해지고 스포티한 옷을 입은 날은 어쩐지 재기발랄해지고 싶어진다. 마음이 몸을 지배하는 줄 알고 있었지만 몸이 마음을 만들어내는 경우가 더 많다.

기분이 좋아서 노래방 가는 게 아니다. 가서 노래를 하다 보니 흥겹고 스트레스가 해결되는 것이다. 글을 잘 써서 작가가 되는 게 아니다. 열심히 쓰다 보니 작가가 되는 거다. 처음부터 선수는 없다. 그냥 열심히 행동으로 옮기다보니 그 분야 최고가 되는 것이다.

우스울 때 웃는 건 누군들 못하겠는가? 기분이 찜찜해도 웃다보면 풀린다. 웃다보면 좋은 일 생긴다. 정말 좋아서 웃는다면 웃을 일이 그리 많겠는가?

땀을 흘리면 기분이 상쾌해진다. 운동으로 땀을 흘리던지 사우나가서 땀을 흘리던지 먼저 땀을 흘려라

마음 가는데 몸 가는 게 아니라 몸 가는데 마음도 간다.

제품을 만들지 말고
작품을 만들어라

> **Q** 우리 회사에서는 _____ 를 생산하고 있습니다.
>
> 빈칸에 들어갈 말은 '제품'인가요, '작품'인가요?

1865라는 칠레산 와인이 있다. 회사의 설립연도를 의미한다. 와인 제조사는 워낙 유서 깊은 곳이 많아 특별히 기억에 남을 이름은 아닐지도 모른다. 그런데 이 네 개의 숫자가 재미있는 마케팅 신화를 만들었다. 그 이야기는 다음과 같다.

와인의 주된 소비층은 경제적 여유가 있는 사람들이다. 이들은 또한 골프를 좋아한다. 이 두 가지 사실이 만나면서 이야기는 시작된다. 누가 먼저 시작했는지는 모른다. "1865를 마시면 18홀을 65타에 친다네" 골퍼 사이에 언제부터인가 이런 우스개 소리가 돌아다녔다. 사실이든 아니든 중요하지 않다. 가격대비 품질 같은 소비기준도 이 징크스 앞에 문제가 되지 않았다. 얼마 지나지 않아 1865는 골퍼들이 가장 사랑하는 포도주가 되었다.

지포라이터가 여전히 마초적 남성미를 상징하며 애연가들의 사랑을 받는 것도 제품의 품질보다는 스토리에 힘입은 바가 크다. 사실 지포라이터는 무겁고 불편한 쪽에 속한다. 그런데 지포라이터에는 멋진 전설이 깃들여 있다.

제2차 세계대전 미 육군 안드레즈 중사는 당시 윗옷 주머니에 지포라이터를 넣어두었다. 치열한 접전 끝에 그만 총알이 그의 가슴에 박혔는데 바로 지포라이터가 총알을 막아주어 목숨을 구했다고 한다. 또 공중낙하 훈련 때 지포라이터를 떨어트렸는데 찌그러지긴 했어도 성능은 그대로 였다라는 전설도 전해진다. 이런 이야기들로 지포는 '강인함'의 상징으로 자리잡았다. 이처럼 말보르 담배, 몽블랑 만년필… 세월을 거슬러 사랑받는 명품들 뒤에는 언제나 매혹적인 스토리가 존재한다.

'품질'과 '적정가격', '디자인'은 기본이다. 중요한 것은 제품에 스토리나 혼이 있느냐이다. 또 제조사는 하나의 제품을 만들어도 제품을 뛰어넘어 작품을 만들겠다는 각오가 필요하다. 당신이 만들어야할 것은 제품이 아니라 디자인이며, 디자인이기 이전에 스토리와 혼이며 최고의 작품이다.

정말 놀라운 것은 제품에 혼이 담겨 작품이 되면 가격과 품질에 대한 이견이 없어진다는 사실이다. 지금껏 기업은 어떻게 하면 품질은 높이고 가격을 더 받을까 노력해 왔다. 이 두 가지 중요한 팩트가 스토리 앞에서 무릎을 꿇은 것이다. 스토리가 담기면 가격이나 품질에 대해 이의를 다는 고객이 없어진다. 1865 와인을 두고 누가 가격이 비싸다는 등 품질이 어떻다는 등 이의를 제기하는 사람 있던가. 지포라이터를 보고 비싸다거나 품질이 나쁘다고 불평을 하는 고객을 보았는가? 기업의 사활을 걸고 추진해오던 품질과 가격이 스토리 앞에서 초라하게 무너지고 있다.

꽃피는 사월. 지하철 한 켠에 적선하는 사람이 있었다.
"저는 태어나면서부터 봉사입니다. 그러니 적선해주세요."
하지만, 동전은 쉽게 모이지 않았다.

한 신사가 다가와 푯말의 문구를 바꿔주었다.
그랬더니, 갑자기 적선의 손길이 많아졌다.
봉사는 문구가 너무 궁금했지만 확인할 길이 없었다.
일주일 후 신사가 다시 찾았다.
"요즘 어떠세요?" "도대체 뭐라고 썼습니까. 적선이 몇배로 늘었습니다."
"(웃으며) 이렇게 바꾸었습니다. "봄이 왔건만 저는 그 아름다운 꽃을 볼 수 없습니다."라구요.
의미부여를 하고 스토리를 입혔더니 매출이 늘어났다.

스토리 마케팅의 실패법칙

스토리 마케팅은 새로울 것이 없을 정도로 잘 알려진 마케팅기술이다. 가장 중요한 것을 짚어보자. 제품에 이야기를 덧붙이기만 하면 되는 걸까. 다음과 같은 실패 원칙도 참고하라.

1. 스토리가 상업적이면 실패한다.
요즘 소비자는 영악하다. 상업적으로 만들어진 스토리는 거부감을 보인다.

2. 복잡하거나 길면 실패한다.
구전이 가능해야 한다. 심플할수록 좋다.

3. 인위적으로 퍼트려도 실패한다.
소비자들이 자연스럽게 전파해야 한다.

최고의 스토리마케팅은 소비자가 스스로 만들어 저절로 전파되는 것이다. 기업이 이 과정을 만들어 내고 싶다면 쥐도 새도 모르게 추진하고 첫 시작단계만 개입하라.

명함은 선물이다

Q 명함으로 무엇을 전달할 것인가?

인생은 만남과 이별의 연속이다. 사람과의 만남, 자연과의 만남, 책과의 만남, 그 중 사람과의 만남이 인생을 좌우하는 경우가 많다. 사람과의 만남에서 제일 먼저 주고 받는 것이 명함이다. 명함은 만남의 시작이요, 자신의 얼굴과 같은 것으로 첫인상을 결정짓는 중요한 역할을 한다.

명함을 국어사전에서 찾아보면 성명·주소·직업·신분·전화번호 따위를 적은 종이 쪽지라 되어 있다. 난 명함을 종이 쪽지라 생각해본 적이 없다. 명함을 만들 때마다 조금씩 변화를 준다. 글자에 포인트를 준다던지, 뒷면의 문귀를 바꾼다던지 수없이 많이 바뀌었다. 나의 명함을 수집하는 사람도 있다. 어떻게 바뀌었는지 궁금해서다.

나는 명함을 창의성 발휘의 장이요, 얼굴이요, 선물이다 라고 종이쪽지라는 국어사전의 개념과는 전혀 다른 하이 컨셉을 만들었다.

명함을 건넬 때도 이것은 명함이 아니라 선물이라고 한다. 무슨 선물이냐고 물어오면 이때 이야기가 시작된다. 바로 이야기 선물이다. 상대가 깜짝 놀란다. 나도 놀란다. 이 작은 종이쪽지에서 이렇게 다양한 창의적인 아이디어를 발휘할 수 있는지.

내 명함을 여기에 소개한다.

우선 이름자가 눈에 띈다. 가운데 글자만 한자로 되어 있다. 그 글자는 색깔도 다르고 크기도 다르다. 게다가 한자 위에 동그라미가 쳐져있다. "왜 이렇게 하셨어요."라고 묻는다. "아 예 경사스러운 일이 많이 생기시라구요. 좋은 일 있을 때 경축이라고 이렇게 쓰잖아요?" "아 그렇군요!" 하며 좋아한다. "아 이거 지적소유권에 해당하지 않으면 저도 써도 되겠어요?" 하고 묻는 분들도 계신다.

중소기업경영자협회 이재우 부회장님은 이를 벤치마킹하여 가운데 글자만 한글로 쓴다. 왜 그러냐고 물어오면 "한자가 너무 어려워서요." 웃음으로 대화가 시작된다.

명함 아래쪽 작은 네모상자에 '고맙습니다' 라는 문구와 연 월 일을 표기하는 란이 있다. 이쯤 되면 내 얼굴을 다시 한번 본다. '여기에 만난 날과 특징을 적는 배려를 하셨군요' 하며 감탄한다. 처음에는 '고맙습니다' 가 아니라 '반갑습니다' 였다. 가만히 생각

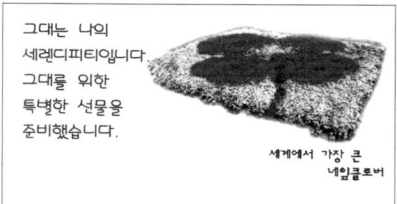

하니 사람과의 인연은 반가운 것을 넘어 고마운 것이었다. 이 문구가 바뀌는데 몇 년이 걸렸다. 그리고 다시 메일 주소 smiletech @hanmail.net를 보고는 말을 건넨다. "메일주소가 재미있군요." 이 메일 주소에 나의 삶의 태도가 그대로 나타난다. 한 눈에 미소, 웃음을 얼마나 중요하게 여기는지 알 수 있다. 미소^{smile}와 기술^{tech}이 만나 하나가 되었다.

웃는데도 기술이 있다. 웃는 것도 배움이 필요하다는 나의 철학이 담겨있다. 이 메일도 몇 번의 변천과정을 겪었다. 초기에는 ideatech였다. 아이디어를 내는데도 기술이 있다, 생각에도 기술이 있다고 믿고 나는 지금도 공부하고 있다.

명함 뒤를 본다. 이 문구도 여러 차례 변했다. 초기에 담겨 있는 문구를 보고 삼성경제연구소 지식경영실장으로 있던 강신장 전무가 『오리진이 되라』라는 책에 소개하기도 하였다.

명함 뒤에는 아주 예쁜 사진이 있다. 그냥 일반 꽃이 아니라 행운을 상징하는 네잎클로버 모양을 하고 있다. 꽃 잔디로 만든 세

성공을 부르는 섹시한 말

계에서 가장 큰 네잎클로버라고 소개하면 다시 입을 다물지 못한다. "이처럼 아주 큰 행운이 왔으면 좋겠다는 마음으로 이 명함을 선물로 드립니다."라고 건네면 대부분의 사람들이 매우 좋아한다.

행운은 내게 왜 안오는 거야 라고 불만을 하는 사람들이 많다. 가만히 생각하니 행운은 저절로 오는 게 아니었다. 맞을 준비가 되어 있는 사람에게만 찾아왔다. 행운을 기다릴 것이 아니라 직접 만들어야 겠다는 생각을 했다. 그래서 예쁜 꽃 잔디를 직접 네잎클로버 모양으로 심었다. 봄이면 중소기업연수원에 세계에서 가장 큰 행운의 네잎클로버가 핀다.

내게 명함은 이제 작은 종이쪽지가 아니라 선물이요 행운이다. 이 명함은 내게 많은 행운을 가져다주었다. 첫 만남이지만 이 명함 한 장을 보고 내게 책을 보내주는 분들도 있고 강의 요청하는 분들도 많아졌다.

이 작은 쪽지 한 장이 운명을 바꿀 수 있다. 명함 한장에 자신과 기업을 얼마나 멋지게 연출할 수 있는지 사례를 통해 살펴보자. 명함만 보아도 그 회사의 관리수준이나 인격을 알아볼 수 있다.

삶의 마지막 명함을 만들어라

Q 조문객에게 무슨 말을 하지?

내 인생에 몇 개의 명함이 있었던가. 어찌 보면 직장의 마지막 명함을 폼 나게 만들기 위해 달려온 인생이었다. 이제 '정년퇴임' 네 글자를 마주하고 나니, 직장의 마지막 명함이 아니라 인생의 마지막 명함을 고민하게 된다.

인생의 마지막 명함은 무엇일까. 언뜻 비문이 떠오른다. 하지만 비문이야 자식 몇 명이 읽는 것 아닌가. 난 좀더 특별한 마지막 명함을 꿈꾼다.

가끔 내가 죽고 나면 문상객으로 누가 올까 더듬어 보기도 한다. 생전에 그토록 만나고 싶었던 사람들과 죽고 나서야 연이 닿을지도 모르겠다. 몇몇은 진심으로 나를 잃은 것을 애닳아 할 것이고 혹자에게는 해가 뜨고 지는 것처럼 사는 일의 자연스런 일부분일 것이다. 난 묘비명에는 별 관심이 없고, 나를 조문하러 온 내 삶을 함께 살았던 사람들에게 편지를 남기고 싶다. 죽은 자가 남겨놓은 편지라니 특별하지 않은가. 내 영정사진 옆에 나란히 놓아달라고 할 생각이다. 지금 생각하고 있는 글귀는 다음과 같다.

정말 고맙네, 내 술 한잔 받게나,
천천히 놀다 오게나
내 먼저 가 기다리고 있겠네, 나중에 또 만나세

나를 조문하러 온 이들도 유한한 삶을 사는 인간들이니, 결국 다시 만나지 않겠는가. 사후세계에 대해서도 꿈을 꾼다. 난 시골에서 자랐다. 초등학교 시절, 읍내에 있는 중학교는 어린마음에 동경의 대상이었다. 매일 밤 그곳에 대해 상상하곤 했었다. 죽고 나서 가는 곳도 그런 곳이 아닐까. 초등학교 졸업하고 멀리 떨어진 읍내 중학교를 갔던 것처럼, 사후세계도 그렇게 조금 멀리 떨어진 어떤 세계가 아닐까 상상해본다.

무엇을 남기고 가지

Q 비문에 무엇이라고 쓰고 싶어요?

사람이 죽은 뒤 만들어진 그의 비문을 보면 그의 면면을 알 수 있다. 자신의 비문을 생전에 직접 쓰는 것도 꽤 의미 있는 작업이 될 것이다. 후세에 어떻게 기억되기를 희망하는지를 안다면 그에 맞추어 생활이 길들여질 것이다. 인생의 목적을 알면 그 목적이 삶을 인도할 것이다. 목적지가 결정되면 가는 방법도 결정된다.

여기 몇 가지 소개한다.

미국에서 노처녀 우체국장이 돌아가시자 가족들은 "처녀로 태어나 처녀로 살다 처녀로 죽었다"라고 새겨달라고 했는데 석공이 너무 길어 돈이 많이 든다며 6자로 줄였다.

"미개봉품 반납"

"내가 죽으면 술통 밑에 묻어줘. 운이 좋으면 밑둥이 샐지도 모르니까" - 일본의 선승, 모리야 센얀

대문호 헤밍웨이의 묘비명에도 여유가 넘친다.
"일어나지 못해 미안해"

영국 극작가 '버나드쇼'의 묘비명
"우물쭈물하다 내 이럴 줄 알았다. I knew if I stayed around long enough, something like this would happen."

"어머님 심부름으로 이 세상 나왔다가 이제 어머님 심부름 다 마치고 어머님께 돌아 왔습니다" - 조병화

"아름다운 이 세상 소풍 끝내는 날. 가서, 아름다웠더라고 말하리라…" - 천상병 〈소풍〉

"이 세상 괜히 왔다 간다." - 중광스님

"사람이 살아도 살지 아니함이 있고 죽어도 죽지 아니함이 있

다. 살고 죽는 것이 다 나에게 달려 있느니 모름지기 힘써 살지어다" - 이준 열사

당신의 탐스럽고 예뻤던 모습은 어디로 가고
주름이 지고 머리는 백발이 되어가는 모습을 보며,
당신의 고귀한 손이 얼마나 혹사 당했으며
우리 가족을 위해 얼마나 큰 역할을 하였던가 생각하며 눈물을 흘렸다오. - 아내에 대한 공로비, 부부농원(박경남, 김옥순)

"내 죽거든 내 손은 밖으로 내다오." - 알렉산더 대왕

지식을 전달하지 말고
추억을 만들어라

Q 강의가 따분하다?

　스타 쉐프 에드워드 권이 있었던 칠성급 호텔 버즈 알 아랍 호텔은 하루 숙박료가 3,000만원에 달한다고 한다. 마돈나가 그곳에서 밥을 먹고 이런 이야기를 했다고 해서 화제가 되었다. "This food is better than sex" 참으로 무한대의 상상력으로 인도하는 표현이다.
　이후 나는 내 강의는 '섹스보다 더 맛있는 강의를 합니다' 라고 목표를 세웠다. 섹스보다 더 맛있는 강의는 뭘까. 짜릿한 생의 잊혀지지 않는 추억을 만드는 것이다.
　나는 지식을 전달하는 강의를 하지 않는다. 그보다는 '생각놀이'에 가깝다. 우리는 한 시간에도 오만가지 생각을 한다고 한다.

그 중 생각이 불꽃을 피어내는 불꽃놀이 같은 시간도 있을 것이다. 내 강의는 그 불꽃의 도화선이 될 생각의 단초를 제공하는 것이다. 그것은 때로 스토리일 수도 있고, 이 책에 담은 언어놀이일 수도 있다. 중요한 것은 강력한 스파크를 만드는 일이다. 추억을 만들려면 쇼킹한 사건이 있어야 한다. 맥빠지게 웃었다거나 생애 최대의 박수를 받았다거나 하는 일들.

또한, 섹스보다 더 맛있는 강의를 하려면 거시기가 필요한데, 여기서 거시기란 새로운 눈을 하나 주는 것, 거시기巨視器. 세상을 보는 큰 눈을 갖게 된 것를 의미한다. 내 강의를 듣고 거시기가 생긴다면 얼마나 좋을까.

내 강의를 들은 적이 있는 수강생이 어느 날 반가이 연락을 주셨다. 본인은 족발집을 운영하고 있는데 마돈나 이야기에서 힌트를 얻어 '섹스보다 맛있는 족발'이라는 메뉴를 만들었는데 매출이 3배나 늘었다는 것이다. 사람의 마음을 움직이는 기술 하나를 배우셨으니 그 족발집 사장님은 멋진 거시기를 얻으신 듯해 마음이 몹시 뿌듯했다.

아이디어를 내지 말고
생각이 이사를 가게 하라

Q 생각을 이사시켜라. 공간을 이사시키고 시간을 이사시키자.

"너 아이디어 좀 내봐"
"좋은 아이디어 없어?"

A 회사의 회의실은 아이디어 회의에 한창이지만, 실상은 침묵 수행에 더 가깝다. 회의를 해도 좋은 아이디어가 쉽사리 떠오르지 않으니 어색한 침묵만이 회의실을 가득 채운다.

TV와 잡지 속에 등장하는 파티션 색깔마저 크리에이티브해 보이는 번듯한 회사들, 그들의 아이디어 회의는 생기발랄하고 유쾌하기까지 하다고들 하지만, 회색 파티션에 갇혀있는 수많은 직장인들은 아이디어 회의를 고문 중 고문으로 생각하는 경우가 많다.

도대체 그 놈의 아이디어라는 것은 왜 마트에서 팔지 않을까. 아이디어란 놈을 카트에 담아다가 이 어색한 침묵이 흐르는 탁자 위에 잔뜩 펼쳐놓고 '자 맘에 드는거 집으세요' 라고 말할 수 있다면 얼마나 후련할까. 이런 상상이나 하면서 눈을 내리깔고 앉아있기가 일쑤다.

아이어어 회의를 해도 아이디어가 떠오르지 않을 때는 아주 간단한 방법이 있다. 바로 '이사'를 하는 것이다.

먼저 생각을 붕 띄운다. 현실이 뿌리내리고 있는 육하원칙 따위는 모두 털어내고 공중에 띄워놓은 생각은 이사를 해야한다. 예컨대 생각을 중국의 상해로 이사시켜보자. 그리고 여기가 중국의 상해의 회사며, 중국사람이 만드는 제품이라고 상상해본다. 공간의 이동뿐 아니라 시간적인 이사도 가야한다. 10년 전, 10년 후, 100년 전, 100년 후라면 어떤 아이디어가 나왔을까 상상해보는 것이다. 지금의 판을 파괴하고 새로움을 창조하는 아이디어는 그렇게 현실을 버리는 것에서 시작할 수 있다. 아이디어가 필요한가? 그렇다면 이사를 가보자.

우울증을 사라지게 하는 기적의 말

Q 혹시 우울증에 걸렸나요?

어느 날 안산 중소기업연수원에서 강의를 마치고 돌아가는데 뒤에서 "원장님"하며 다급히 부르는 소리가 들려왔다. 50대 중반쯤 되어 보이는 여성이었다. "원장님 정말 고맙습니다. 원장님 강의 듣고 우울증이 싹 사라졌어요." 하는 것이다. 깜짝 놀라 "우울증이 사라지다니 무슨 말씀이에요."

그분은 학교 선생님을 하다 육아를 위해 학교를 그만두고 전업주부가 된지 30여년이 되었다고 한다. 이제 아이들도 다 출가시키고 덩그러니 혼자 집에서 삶을 되돌아보니 공허하게 느껴졌다. 밥하고 빨래하고 청소하는 일상적인 일들이 귀찮고 시답잖게 여겨

졌다. 왠지 사회활동을 하는 친구들에 비해 돈도 못 벌어오고 지적수준도 못 미치는 것 같아 자신의 존재가 초라하고 하찮게 느껴졌다. 육체적으로도 여성의 기능을 상실하고 나니 여기저기서 이상신호가 나타났다. 이런 삶에 대한 회의감으로 우울증에 빠져 나날을 보냈다고 한다.

그러던 중 남편회사의 비상임 감사 자격으로 최고경영자연수에 사장님과 함께 참가하게 되었다고 한다. 강의 중 전업주부에 대한 하이컨셉을 듣고 우울증이 그 자리에서 사라졌다고 환한 얼굴로 말했다. 주부는 그동안 자신이 생각해왔던 것 같은 하찮은 존재가 아니라 가정의 행복을 만들어 내는 해피메이커라는 나의 말에 귀가 번쩍 트였다고 한다.

그래 맞아! 그동안 내가 아주 하찮고 귀찮게만 여겨 왔던 빨래하고 청소하고 밥 짓는 일들이 내 사랑하는 가족의 건강과 행복을 만들어 내는 위대한 행위라고 생각하자 우울증은 순간 바람처럼 사라지고 사명감이 불타올랐다고 한다.

우울증이 가셨다는 그분의 말씀에 난 엔돌핀이 솟아오름을 느꼈다. 아니 그것은 엔돌핀보다 4,000배 효과가 있다는 다이돌핀이 분명했다. 강사입장에서 보면 어찌 이보다 더 섹시한 말이 있겠는가? 이보다 더 멋진 말이 있겠는가? 지금도 그분의 말씀이 귀에 생생하다. 팔등신의 미모는 눈앞에서는 가슴 설레게 하지만 눈

앞에서 사라지면 그만이다. 그러나 이런 섹시한 말은 세월이 가도 빛이 바래기는커녕 더욱 선명하게 다가온다.

　미국 콜롬비아 의과대학을 비롯한 여러 대학에서는 '이야기 치료'란 과목이 있다. 약으로 병을 치료하는 것이 아니라 말로 병을 치료한다는 것이다. 난 이런 과목을 들은 적도 없고 의사도 아니지만 말 한마디로 우울증을 치료한 의사가 된 셈이다.

　미국 버지니아텍 의대 학장 스티븐 워크맨은 "의사가 되려면 먼저 남에게 제대로 말하는 법부터 배워라. 아울러 환자의 말에 귀를 기울이고 동료들과 화합할 수 있는 품성을 갖춰라."라고 말한다. 의사의 말 한마디는 그 어떤 첨단의 의료장비보다 치료효과가 더 클 수 있다는 얘기다.

　초기에는 자동차 운전하는 사람을 운전수라 불렀다. 그 후 이들의 호칭이 기사로 바뀌었다. 호칭에 사자가 붙기 시작했다.

　연예인의 차를 운전하는 사람은 운전기사라 부르지 않는다. 그들은 로드매니저라 부른다.

　사파리 농원의 운전수는 본인을 운전수라 하지 않고 만능 엔터테이너라고 한다. 단순히 기계적으로 운전만 하는 게 아니라 고객을 즐겁게 하기 위한 방법을 연구한다. 영국의 택시운전수는 카운슬러라 부른다. 운전만 하는 게 아니라 고객의 각종 인생 상담까지 해준다.

이들이 하는 일은 크게 다르지 않다. 주기능은 운전이다. 그럼에도 이들이 느끼는 자부심은 사뭇 다르다. 하는 일이 중요한 것이 아니라 그 일에 어떤 의미부여를 하느냐에 따라 일의 질이 달라진다. 일의 내용과 질이 달라지면 삶의 질도 달라진다.

제4장

세상을 보는 또 하나의 특별한 눈

꽃잎이 지지 않고는 열매를 맺을 수 없다

Q 꽃은 왜 아름다울 수밖에 없는가?

꽃을 보면 기분이 좋아진다. 왜 그럴까.
내가 식물이 되어보자. 나는 왜 꽃을 피우는가.
그것은 사랑을 하는 것이다.
꽃은 사랑을 하기 위해 자신이 표현할 수 있는 가장 아름다운 색깔을 내는 것이다.
그런데, 그 색깔을 만드는 것은 자기 스스로가 아니다.
겨울이 추우면 그 다음 해 봄엔 꽃의 색깔이 더 예쁘다. 종족보존의 욕구가 발달하기 때문이다. 꽃이 위기 의식을 느끼는 것이다.
자기 스스로 아름다워지기는 어렵다. 환경과 치열하게 싸우면서 고유의 미美가 만들어진다.

자신을 자신답게 하는 것은 자신이 아니다. 별이 빛날 수 있는 것은 어둠이 있기 때문이다. 먼저 주변의 환경을 만들어야 내가 빛날 수 있다. 주변사람이 먼저 빛나야 내가 빛난다, 나보다 주변 사람을 먼저 빛나게 하자.

벌과 나비는 꽃을 어떻게 찾을까? 꽃에는 또 하나의 선물이 있는데 바로 향기다. 꽃도 아름다운데, 향기도 있으니 벌과 나비가 어찌 안 좋을까. 그런데, 꽃은 자신 깊숙이 가장 소중한 것을 숨겨 놓는다. 바로 꿀이다. 가장 소중한 것까지 남김없이 내어주니 벌과 나비는 꽃을 흠모할 수밖에 없다.

나의 가장 아름다운 색은 무엇인가? 나의 향기는 무엇인가?

또, 식물은 자신이 가장 아름다운 모습인 꽃을 포기하고 내려놓아야 열매를 맺을 수 있다. 자신의 가장 소중한 것을 내려놓을 때 거듭날 수 있는 것이다. 꽃잎이 지지 않고는 열매를 맺을 수 없다. 아낌없이 주었을 때 내가 거듭날 수 있다.

꽃이 웃으면 선물이 된다

Q 무슨 선물을 준비하셨나요?

몹시 더웠던 여름날. TV 뉴스에 열대야 이야기가 등장한다. '날이 너무 더워 가족단위로 고수부지에서 텐트를 치고 과일을 먹으며 이야기꽃을 피웠다.'는 내용이었다.

'꽃'이란 단어를 나는 참 좋아한다. 그냥 이야기를 재미나게 했다가 아니라 왜 이야기꽃을 피웠다고 표현할까. 이야기에도 씨가 있고 꽃이 있고 열매가 있는 것일까.

어떤 단어에든 꽃이라는 호칭이 붙으면 '툭, 터져 세상에 핀 절정'의 이미지가 떠오른다. 또한 향기가 나는 듯도 한다. 글의 꽃, 말의 꽃, 웃음 꽃… 꽃이란 단어만으로 얼마나 향기로와졌는가.

나는 이 책의 선물을 웃음꽃으로 하고 싶다.

웃음과 웃음꽃은 무엇이 다를까?

웃음은 웃음 그 자체가 주인공이지만 웃음꽃은 웃음에 대한 결과물로서 꽃이 있으니 꽃에 초점이 맞춰진다. 웃을 때 꽃처럼 활짝 피어오르는 것이 연상되는데, 영원히 시들지 않는 아름다움으로 가슴에 박힌다.

웃음꽃은 어느 장소에나 피울 수 있고 선물로 줄 수도 있다.

돈을 들이지 않고 줄 수 있는, 언제 어디서나 누구에게나 줄 수 있는 그런 꽃이 바로 웃음꽃이다. 어떤 상황에서도 상대방에게 줄 수 있는 최고의 선물을 가지고 있는 셈이다.

나의 책이 누군가에게 주는 웃음꽃이었으면 좋겠다.

마지막 주고 가는 선물, 울음꽃

Q 울고 나면 왜 시원하지?

아기가 태어날 때 응애응애 울음을 터트린다.
아기는 울지만 주변 사람은 웃는다.
울음으로 웃음을 선물한다.
사람들이 울면서 태어났다고 말하지만
사실은 생명이 터져나온 소리로 웃고 태어났는지도 모른다.

본디 자신이 가지고 있던 웃음을 찾아가는 것이 인생 아닌가.
죽어가는 것도 그러하다.
태어날 때는 다른 사람을 웃게 했지만
죽을 때는 다른 이를 울게 할 것이다.

사랑하면 사랑할 수록 더욱 큰 울음을 터트릴 것이다.
눈물은 사랑과 비례한다.
이때의 울음은 선물이다.
유태인의 속담에 "인간의 몸을 씻어주는 것은 비누이고,
마음의 때를 닦아주는 것은 눈물이다" 라는 말이 있듯이
이 눈물이 슬픔을 씻어 낼 것이다.

태어날 때는 울고 태어나며 다른 사람을 웃게 했지만
죽을 때는 다른 이를 울게 할 것이다.
그 울음 또한 선물이다.

울음도 꽃이 있지 않을까.
죽을 때 주고 가는 울음은 그냥 울음이 아니라 꽃이 아닐까
나와 엉켜있는 감정들, 서운함과 고마움, 미움과 용서가
죽음이란 스트레스 상황 속에서 터져나와 정화된다.
그 과정이 모두 웃음을 찾아가는 과정이 아닌가.
이것이 바로 울음꽃이다.

역경이 자원이다

Q 과일을 빨리 익게 만드는 방법은?

공해가 많은 지역의 소나무는 공해가 없는 지역의 소나무에 비해 일찍 솔방울이 열린다고 한다. 공해가 심하면 생명이 짧아지고 그러다 보면 정상적으로 성장하다가는 종족보존이 어렵다고 판단했기 때문이다. 자연의 조화가 오묘하다. 이를 과일재배에 응용하기도 한다.

과일은 출하시기에 따라 가격이 천차만별로 달라진다. 고수들은 수확시기를 어떤 방식으로 조절할까. 그들은 나무에 스트레스를 준다. 포도나무에 생채기를 내면 나무는 위기의식을 느끼는지 과일을 빨리 익힌다. 자연히 출하시기가 당겨진다.

이와 비슷한 맥락의 이야기를 전 농수산식품부 정운천 장관도 말한 바 있다. 가마니에 흙을 담아 토마토를 심고 물을 시들지 않을 정도로 적게 준다. 가까이 물통을 놓아둔다. 토마토는 물통으로 뿌리를 뽑기 위해 잘 자란다고 한다. 여느 토마토에 비해 뿌리가 튼튼한 토마토는 열매를 많이 맺는다. 뿌리의 무게에 비례하여 토마토가 열린다는 게 정장관의 설명이다.

식물에게조차 허기와 갈증은 성장의 가장 큰 자양분이 되는 셈이다. 사람도 마찬가지이다. 성공담에는 언제나 쓰디쓴 실패와 좌절이 등장한다. 얼마 전 가수 윤도현은 백지연의 피플 인사이드라는 프로그램에서 "나는 최악일 때 최고였다"는 멋진 말을 남겼다. 그는 대학가요제에 출전하기 위해 삼수를 해서 대학에 갔다고 한다. 겨우 합격한 대학에선 동아리 오디션에 탈락해버렸다. 그때도 그는 "나는 최악일 때 최고였다"는 말로 일어섰다고 한다. 포기만 안하면 될 것 같았다는 그의 심지가 대견하기만 하다. 그 갈증으로 성장한 에너지가 지금 우여곡절이 많을 수밖에 없는 밴드활동 중에도 승승장구 할 수 있는 뿌리가 되고 있는 듯 했다.

식물도 적절한 결핍과 갈증이 있어야 빠르고 튼튼하게 성장한다. 요즘 부모들은 아이 옆에 딱 붙어서 작은 어려움도 함께 해결해주고, 작은 실패에도 전전긍긍하는 경우가 많다. 그들에게 꼭 전하고픈 말이 있다. 최고의 온실은 생명력을 약하게 만든다. 실패를 하면 되려 칭찬하고 격려해야지 마음 아픈 티를 내어서는 안

된다. 추위가 혹독 할수록 다음 해 붉은 꽃이 피고, 수분이 약간 부족하면 뿌리가 빨리 자라는 이치를 잊지 말자.

오래된 도라지는 산삼보다 낫다는 말이 있다. 한 소년이 이를 믿고 '오래된 도라지' 재배에 전부를 걸었다. 아시다피 도라지의 수명은 3년이다. 3년이 지나면 뿌리가 문드러져 죽고 만다. 그는 전재산을 털어 수천평의 땅에 갖가지 농법으로 도라지 재배에 나섰다. 하지만, 모두 3년이면 죽고 말았다. 5년을 실패만 거듭하다 척박한 땅에 기운차게 자라고 있는 도라지를 발견했다. 그것은 버리기 아까워 땅에 꽂아넣듯 심어둔 썩은 도라지에서 움튼 새순이었다. 도라지를 재생시킨 것은 첨단 농법이 아니라 순수한 땅의 기운이었던 것이다. 다음에도 3년이 되어 문드러지면 새 땅을 찾아주었다. 그렇게 10년 이상 살아가는 장생도라지가 탄생했는데, 여섯 번을 옮겨 심은 21년산에는 산삼, 인삼에만 있다는 사포닌 성분이 생겨났다고 한다. 결국 시련과 시련을 거듭하니 본디 가지고 있지 않은 능력이 생긴 셈이다.

정말 좋은 인재로 만들고 싶거든 정신적으로 육체적으로 극한 상황까지 몰고 가야 한다. 그리고 이를 주기적으로 반복해야 한다. 그 주기는 사람마다 다를 것이다. 특히 유년과 청년시절에 하면 효과가 크다. 이런 과정을 통해 본디 없던 능력이 생겨 튼튼한 인재가 만들어진다.

새소리가 들리면
또 하나의 귀가 열린다

Q 새는 우는가 노래하는가?

봄은 어디에서 오는가? 여성의 패션으로부터 온다. 꽃으로부터 온다. 바람으로부터 온다. 저마다 각각의 기운으로 봄을 감지한다. 나는 봄이 오는 것을 새소리에서 느낀다. 그 시작은 보통 이야기하는 봄보다 조금 이른데, 2월이 되면 벌써 새소리가 맑아지는 것을 느낄 수 있다. 3월이 되면 소리가 높아지고 4월이면 그 소리가 절정을 이룬다.

사람들은 '새가 운다'고 말한다. 하지만 새는 노래하는 것이다.

봄이 되면 왜 새소리가 맑아지는 것일까. 새가 가장 아름다운 소리를 내는 이유는 사랑을 하기 위해서이다. 새소리는 사랑의 소리인 것이다.

4월 산에 가서 눈을 감고 가만히 새소리를 들어보자. 봄이 생동하는 야산에서 눈을 지긋이 감고 온 몸으로 그 소리를 느껴보라. 그 사랑의 기운이 정수리 백회를 통해 내 몸 세포 하나하나를 깨우고 적신다고 생각해보라.

내 몸의 세포들이 반짝반짝 웃기 시작한다. 생동감이 깨어나고 사랑의 기운으로 가득찬다. 스폰지가 몸을 흡수하듯 나의 온몸이 사랑의 에너지 덩어리가 된다. 그렇게 발바닥 용천까지 삼십분 정도 새소리를 듣고 나면 내 몸이 하나의 음계가 되거나 하나의 구름이 된다.

나는 이것을 새소리 명상이라고 한다. 이 때 느끼는 행복은 어떤 것과도 견줄 수 없다. 새소리 명상을 통하여 귀는 자연의 소리를 들을 줄 아는 귀 하나를 더 얻는 셈이 된다. 혼자만 듣기 아까워 '새소리명상 산행모임'도 꾸려봤는데, 반응은 폭발적이었다. 매일 아침 새소리가 들려요. 내게 고백하기도 한다. 도시 매연과 콘크리트 속에서 사랑의 기운을 잃었다면, 새에게 부탁해 그 기운을 얻어가기 바란다.

밥이 몸도 마음도 만든다

Q 밥이 하는 이야기를 들어보신 적 있나요?

나는 농부의 자식이다. 스무살에 상경했고 내 삶의 대부분은 도시 속 경쟁의 정글 속에서 살았다.

어느 날, 밥을 먹는데 화가 치밀었다. 밥알이 너무 꼬들꼬들해서 소화가 잘 될 것 같지 않았던 것이다. 업무로 인한 스트레스가 많던 시기여서 나도 모르게 수저를 밥상 위에 탁 놓고야 말았다.

스스로 쉽게 화를 냈다는 사실에 적지 않이 당황하기도 했는데, 그때 밥알이 내게 말을 걸어왔다.

'내 고향이 어딘 줄 알아? 내 고향은 경기도 여주야. 홍천… 네 아비가 그렇게 열심히 피땀 흘려서 너의 입에 들어가는 거잖아.'

나는 밥알이 꼬들거려서가 아니라 목이 매어 더 이상 밥을 먹을 수 없었다. 그 날 출근길에 얼마나 많이 울었는지 모른다. 농부의 자식으로서 나는 어떤 과정을 거쳐 그 밥알이 내 밥그릇에 오는지 너무나 잘 알고 있다. 그 한 알에는 수많은 일손이 있다. 벼를 소금에 절여 껍데기를 건지는 손, 비료를 주는 손, 노심초사하는 시간들, 새들과의 싸움, 1년 내내 무수한 손길을 거쳐서야 정미소를 가고, 그곳에서 공정을 거친 후에 우리 집에 와서 집사람의 손길을 거쳐 밥 한 그릇이 만들어진다.

그날 이후 나는 밥을 음미하면서 먹는 습관이 생겼다. 살기 위해 영양분을 삼키는 것이 아니라, 손길을 음미하고 맛을 음미하며 먹는다. 폭식도 할 수 없고 과식도 할 수 없다.

필자의 전작인 『어린왕자 멘토를 만나다』에도 같은 이야기가 담겨 있다. 어린왕자가 여행을 하면서 9명의 멘토를 만나 성공과 열정의 비밀을 깨닫게 되는 과정이 그려지는데, 그 첫 번째 멘토로 나는 농부를 만나게 했다. 그 농부는 '밥을 먹지 않는다 다만 음미할 따름'이라고 알려준다. 내가 오랫동안 음식을 절제하는 것이 건강과 수양의 기본이라고 생각했기 때문이다.

이 책을 읽고 여러 사람들이 고맙다는 말을 전해왔는데, 무엇이 고맙냐고 물으니 몸무게가 3~5킬로그램 정도 줄었다는 것이다. 밥을 음미하다보니 천천히 먹게 되고 감사한 마음이 생기고 저절로 소식이 되어 몸무게가 줄었다는 이야기다. 다이어트에 관심이 있는 분들이라면 밥상을 앞에 두고 먹지 말고 음미하시기 바란다.

나는 한국장학재단을 통해 대학생들의 멘토 활동을 하고 있다. 내가 지도하고 있는 대학생 멘티들은 이를 실천하여 완전히 새로운 사람으로 거듭났다. 이를 실천하여 성공한 멘티들이 나의 멘토가 된 셈이다, 그들은 나의 세렌디피티다.

내 생애 최고의 말,
조심해 그리고 고맙다

Q 우리 엄마는 왜 항상 '조심해'라고 말씀하셨을까?

부모님은 입버릇처럼 자식에게 같은 말을 반복하곤 한다. 나의 어머니는 "그래, 조심하고~", "조심해라"라는 말을 항상 하셨다. 어느 날 궁금증이 들었다. 도대체 어머니는 무슨 말씀을 하시고 싶으신 건가? 왜 백발이 다 되어가는 아들에게 지금도 조심해를 반복하시는 걸까.

길조심, 운전조심, 말조심… 흔한 말들이 떠올랐다. 곰곰이 생각해보니 조심하려면 깨어 있어야 한다. 조심해란 말은 곧 항상 깨어있으라는 이야기도 된다. 이것 참 명상의 말씀이구나.

아버지는 '고맙다'는 이야기를 자주 덧붙이시곤 했다. 귀가 어두우셔서 전화로는 의사소통이 어려울 때도 있었는데, 그때마다 고맙다는 이야기를 덧붙이셨다.

"누구냐. 둘째냐"
"네. 뭐하세요…. 산책이라도 나가시지 그러세요"
"그래, 난 잘있다. 고맙다."

"누구냐. 둘째냐."
"네. 식사는 하셨구요. 어머니는 뭐하세요."
"그래, 우린 잘있다. 고맙다…"

후렴구처럼 붙는 고맙다는 말이 그렇게 가슴이 저밀 수가 없다. 그리고 '고맙다' 란 말에 대한 명상이 시작되었다.
어떤 사람은 크게 베풀어 줬는데도 고맙다는 이야기를 할 줄 모르고, 어떤 사람은 평범한 일에도 고맙다는 이야기를 달고 산다. 후자는 고마움을 느끼는 능력이 뛰어난 사람이다. 그리고 그런 사람은 대부분 행복도 쉽게 느낀다. 결국 행복의 크기는 고마움을 느끼는 능력의 크기인 것이다.

오은선 대장이 히말라야 14좌를 등정한 후 어떤 말을 했는지 기억하는가. 시적이거나 철학적인 말은 없었다. 그녀는 그저 이 말을 되풀이 했다.

"고맙습니다. 고맙습니다. 국민 여러분 고맙습니다. 이 기쁨을 국민과 함께 나누고 싶습니다" 지구상에서 가장 높은 산 14봉우리를 정복한 이가 할 수 있는 말은 '고맙습니다' 라는 말밖에 없었던 것이다.

고마운 인연들, 고마운 일들을 떠올려보자. 고맙습니다… 고맙습니다… 고맙습니다… 참으로 고마운 일들이었다.

그날 그날 있었던 고마운 일들을 적는 일기를 감사일기라 하는데, 이는 오프라 윈프리를 비롯하여 많은 분들이 실천하여 성과를 거두고 있다. 고마운 일들을 매일 적다보면 범사가 다 고마운 일들이라는 것을 깨닫게 된다.

나를 알려면
나를 바라보라

Q 누가 나를 보고 있지?

소크라테스가 "너 자신을 알라"고 말했다.
어떤 의미일까.
'자신을 알라'는 것은 '나를 보라는 것'이다. 나를 보라는 것은 또 다른 내가 있다는 것이다. 내가 무슨 행동을 하는지, 내가 무슨 말을 하는지 '나를 관찰'하라는 것이다.
당신 뒤에는 무엇이 있는가? 그 곳에 또 다른 '나'가 나를 관찰하고 있어야 한다. 나 자신을 알기 위해서…

몰입은 아름다움을 만드는 것

불광불급不狂不及, '미치지 않고는 미치지 못한다'란 말이 있다. 다시 말해 '미쳐야 미친다'는 의미가 된다.

진짜 미친狂 사람은 보통 사람이 가보지 못한 어딘가에 도달한 사람이다. 아무도 손을 대거나 발 디딘 적 없었던 새로운 영역에 도달한 사람을 보고 있으면 인간의 열정과 몰두가 얼마나 아름다운지 느껴지기 마련이다. 미친다는 것은 도달했다는 성취이면서 또한 아름다움이다. 그러니 미치다는 미치는 광狂도 되고 도달하다 달達의 우리말의 의미도 있지만 미美치다도 성립되지 않을까.

아름다울 美는 또한 어떠한가? 나는 美자를 바라보고 있으면 흥이 우러나와 들썩거리는 모습이 보이는 듯 하다. 글자를 바라보고 있자면 춤을 추고 있는 듯 느껴지기도 한다. 하여 나는 아름다울 미자를 춤추는 형상으로 만들었다.

열중하면 느껴지는 아름다움, 아름다운 것의 극치는 인간의 춤추는 모습이 아닐까.

아이를 낳지 말고 탄생시켜라

Q 아이는 태어나는 것일까 낳는 것일까?

알은 스스로 깨면 병아리가 되고 남이 깨주면 후라이가 된다.
아기는 스스로 태어난 것인가 어머니에 의해 태어난 것인가?

애를 낳았다고도 하고 애가 태어났다고도 한다.
애를 낳았다는 것은 어머니가 중심이 된다.
넌 내 뱃속에서 나왔어, 그러니 내 것이야 라는 소유의식이 생긴다.
애를 낳았다는 것은 내 것이니까 내 마음대로 해도 좋아 하는 의식이 존재한다. 내 것이니까 집착이 생긴다. 내 것이니까 내 마음대로 하려한다. 어머니의 의지대로 아이는 길들여진다. 게임을 하고 싶은데 영어를 배워야 하고 아이들과 놀고 싶은데 하기 싫은 피아노와 수영도 배워야 한다. 아이가 커서 어머니가 뜻하는 대로 되지 않고 사고라도 치면 어머니는 "내가 너를 어떻게 낳았는데, 내가 너를 어떻게 키웠는데 네가 그럴 수 있어"하며 땅을 친다. 이미 반항의식을 심어주고 반항한다고 한숨짓는다.

애는 정말 어머니가 낳은 것인가?
애가 어머니 자궁 속에서 먼저 신호를 보낸다. "여기는 내가 살기엔 너무 좁아 답답해! 나 밖으로 나가고 싶어!" 하며 통증을 보낸다. 그리고 아이는 스스로 나가기 좋도록 길을 만든다. 자신을 보호해 주었던 양수를 내보낸다. 어머니 의지대로 양수가 나오는 게 아니다. 아이가 스스로 내보내는 것이다. 애는 어머니의 힘을 빌려 나올 뿐이지 스스로 태어나는 것이다.
어머니가 주인이 아니라 아이가 주인이다. 그러니 아이는 존중받아야 마땅하다.

스스로 태어난 아이는 부모의 소유물이 아니라 존중의 대상이 된다. 부모로부터 존중받으며 자란 아이는 커서 다른 사람을 존중할 줄 알게 되고 또 다른 사람으로부터 존중받게 되어 결국은 큰 사람 위대한 사람이 되는 것이다.

"아이가 태어났다"라는 말도 맞고 "어머니가 아이를 낳았다"는 말도 맞다.

어머니는 자신이 낳았으니 내 소유물이라는 생각을 버리고 아이의 인격을 존중해서 키우면 큰 인물이 될 것이고, 아이 또한 어머니의 몸을 빌어서 부모의 사랑을 받아서 컸으니 마땅히 부모에의 은혜에 감사할 줄 알고 효도하면 큰 인물이 되지 않겠는가?

보통사람이 태어난 날을 생일이라고 한다. 어른이 되면 생신이라고 부른다.

이순신 장군이나 세종대왕, 공자·석가·예수와 같은 성인이나 위대한 인물이 태어난 날을 우리는 탄생일이나 탄신일이라고 부른다.

분만실이 아니라 탄생실이다.

어느 병원관계자가 연수를 받으러 왔다. 그는 병원경영이 너무 어렵다고 했다. 좋은 방법이 없느냐고 내게 물었다. 무슨 병원을 하냐고 물으니 산부인과라고 한다. 아이 낳는 방을 뭐라고 부르냐 물으니 분만실이라고 한다. 당장 탄생실로 바꾸라고 조언했다. 그는 고개를 끄덕이며 연신 고맙다는 말을 했다.

분만실하면 무엇이 떠오르는가. 산모의 진통·고통·위험, 순산일까 난산일까, 산모는 건강해야 하는데 아이가 혹시 기형이면 어쩔까 등등 근심과 걱정이 연상된다. 그러니 분만실이라는 단어에는 스트레스가 내재한다.

만일 분만실을 탄생실이라 부른다면 무엇이 떠오를까?

새로운 생명이 태어나는 곳, 그것도 커서 위대한 인물이 될 사람이 태어나는 성스러운 곳, 생명이 태어나는 기쁨이 떠오른다. 건강한 아들이에요. 장군감이에요. 축하해요! 하는 환호성이 연상되지 않는가. 아니면 양귀비보다 예쁜 공주님이에요. 축하해요! 와우! 하는 감탄과 박수소리가 들리지 않는가.

같은 행위라도 어디를 바라보느냐에 따라 행복과 불행이 달라질 수 있다.

모든 것은 양면이 있다. 어느 곳을 바라볼지는 본인이 결정할 수 있다. 행복한 면을 바라볼지 불행한 면을 바라볼지는 스스로 결정하는 것 아니겠는가

같은 사람인데, 생명의 존엄성은 다 같은데, 어째서 누구는 생일이고 누구는 탄신일인가?

모든 생명이 존중받고 모든 사람이 존경받아야 한다. 가난한 사람이나 백만장자나 학식이 높은 사람이나 일자무식인 사람이나 태어난 날은 모두 다 탄신일이다. 이제 생일은 없다. 오직 위대한 탄신일만 있을 뿐이다. 이제 생일파티 같은 건 집어 치워라. 위대

한 인물이 태어났음을 기념하는 축제를 열어보자. 이 날은 당연히 본인에게는 공휴일이 되어야하지 않겠는가.

깨달음의 문장부호

Q 깨달음의 순간은 어떤 모습일까?

한국어에 쓰이는 문장부호 중에서도 문장을 마치는 부호는 4가지, 마침표. · 느낌표! · 물음표? · 말줄임표…… 이다. 문득, 문장이 왜 네가지로만 끝나야 할까? 라는 의문이 들었다. 나는 내 나름대로 여러 개의 문장부호를 끄적거려 보기 시작했다.

먼저 느낌표에 웃는 모습을 그려보았다.
물음표가 점점 펴지면서 느낌표도 만들었다.
느낌표가 다시 물음표가 되는 것도 만들어보았다.

의미를 담은 문장은 4개의 형식으로 마무리되지만, 실상 문장

이 남긴 끝은 참으로 여러 가지이기 때문이다. 물음이었던 것이 느낌으로 끝나기도 하고, 강렬한 느낌표가 의문을 낳기도 한다. 깨달았을 때의 모습은 어떨까? 만약 깨달음의 문장부호가 있다면 이런 모습이 아닐까? 가끔 내 마음을 담은 하나의 문장에 창의적인 문장부호를 달아보자. 꽤 재미있는 '혼자놀이'의 방법이다.

헤어진다는 것은
조심하라는 명령이다

Q 무엇을 자주 잊어버린다구요?

 헤어짐에는 여러 가지가 있다. 사람과의 헤어짐, 장소·물건·시간과의 헤어짐. 유행가 가사처럼 우리는 '매일 이별하며 살고 있다.' 그런데, 헤어질 때는 반드시 '조심'이 있어야 한다. 무언가를 자주 잃어 버린다면 장소와 헤어질 때 조심하지 않았다는 증거다. 중요한 내용을 자주 잊어 버린다면 생각과 헤어질 때 기록하지 않았다는 증거다. 장소와 헤어질 때 물건을 놓고 오니 노상 잃어버린다. 조심이 없기 때문이다. 차에서 내릴 때도 차와의 헤어짐, 미팅이 끝났을 때도 웃는 모습으로 헤어짐을 마무리하는 것이 중요하다. 헤어짐에는 언제나 '조심'이 있어야한다.
 애인과 영원히 헤어질 때, 직장에서 그만 둘 때, 혹은 누군가와

계약을 파기할 때, 해고할 때… 안좋은 헤어짐은 더더욱 '조심. 조심' 두 글자를 되뇌여야 한다. 아름다운 사람은 머문 자리도 아름답다고 하지 않던가. 헤어지고 난 뒤 내가 머물던 자리를 아름답게 만드는 노력을 잊어서는 안된다.

실패한 것이 아니라 수업료를 낸 것이다

어쩌다보니 '실패' 하면 가장 먼저 떠오르는 사람이 발명왕 에디슨이 되었다. '실패는 오류를 발견한 점에서 성공한 것' 이라며 99%의 실패를 즐겼던 에디슨. 『실패의 성공학』의 저자 리차드 파슨은 '실패를 즐기는 자가 세상을 지배한다' 고 말했듯이 우리가 아는 위대한 인물들은 모두 실패를 즐긴 사람들이다. 도전하는 사람만이 실패를 맛볼 수 있고 실패가 차곡차곡 쌓여 징검다리가 되어 성공에 이른다.

적당한 실패는 우리를 단련시키지만, 때로는 두 다리를 부러뜨려 버릴 정도의 엄청난 실패를 경험하기도 한다. 입시에 실패할 수도 있고, 사업에 실패할 수도 있고, 사람에 실패할 수도 있다. 회생이 불가능할 정도의 큰 실패를 맛보았다면, 애써 담담히 '수업료 낸 셈 치자' 고 스스로 말해보자. 실패는 이겨내는 순간 가장 큰 자산이 된다는 것을 잊지 말아야한다.

끝난 것이 아니라 준비중이다

일본 여행을 하며 특별히 눈길을 끈 것이 있다. 바로 닫힌 상점의 문 앞에 걸려있던 '준비중'이라는 작은 푯말이었다.

미국식 표현인 'CLOSED', 우리나라의 '휴업'에 해당하는 셈인데, '준비중'이라는 접근법의 남다름에 감탄사가 흘러나왔다.

매일 저녁 영업을 마치고 식당의 주인은 미국사람이든 한국사람이든 일본사람이든 휴식을 취할 것이다. 또 새벽에 장을 볼 것이고 어떤 날은 새로운 메뉴를 구상할지도 모른다. 비록 식당 문은 닫혀있지만, 휴식이든 장보기든 식당 문을 열기 위한 '준비'인 것은 분명하다. 어쩐지 'CLOSED' 푯말을 쓰는 가게보다 '준비중' 푯말을 쓰는 쪽이 더 정성들인 음식과 서비스를 제공할 것 같은 생각도 든다.

관습적으로 흔히 쓰는 말들을 다시 생각해보자. 말 바꾸는 말장난이 아니라 작은 말도 고민하고 정성을 들이는 자세가 결국 큰 변화를 이끌어 낸다.

일본말 중에 가장 많이 쓰이는 말이 미안하다. 고맙습니다. 죄송합니다의 뜻을 가진 스미마셍^{すみません}이다. 이 말의 어원은 끝나다^{すむ}에서 온 말로 아직 끊어지지 않았다$^{?みません}$라는 의미다. 즉 다시 말해서 아직 '관계가 끝나지 않은 것이 고마운 일이다'라고 해석할 수도 있을 것이다.

문 닫음보다 준비중이라는 말이 더 기대와 여운과 희망을 주지 않는가? 우리가 무심코 사용하는 말 중에 부정적인 말을 긍정, 희망적인 말로 바꾸어 말하는 습관을 들여 보자.

스마트폰 다음에는 신통기 시대

Q 신神과 통通하는 기기도 나올까?

수십년 전 만해도 마을마다 전화기는 기껏해야 한 대 정도였다. 시꺼먼 기계 너머로 들리는 사람의 음성이 얼마나 신기했을까. 그러다가 사람들이 전화기를 들고 다니는 무선전화의 시대가 열리더니 얼굴이 보이는 화상통화가 가능해졌다. 참으로 신통방통하기 그지 없는 진보이자 진화이다.

그렇다면, 그 다음 휴대폰은 어떤 것이 가능해질까. 나는 어쩐지 미래에는 영혼이 발산해내는 주파수도 찾아내지 않을까 꿈꾸어본다. 돌아가신 아버지가 발산하시는 소리도 잡아낼 수 있을 것이다. 어쩌면 영적인 대화가 가능할지도 모른다. 나아가 신의 주파수도 나중에 찾게 될지도 모른다. 신의 뜻을 그때는 제대로 읽어낼 수 있을 것인가. 아무튼 내가 꿈꾸는 미래의 전화기를 나는 신과 통하는 기계, 신통기라고 이름 붙이고 기다리고 있다.

신에게 기도로 응답을 기다리는 세상에서 바로 신통기를 갖고 직접 묻는 세상이 오지 않겠는가?

기도할 일이 아니라 웃어라

나는 참 열심히 웃는다. 항상 내가 웃고 있는지 체크하고, 웃을 일을 만들기 위해 안간힘을 쓴다. 그것이 내게 사는 방식이고, 또 신에게 다가가는 방식이다. 그래서 내게는 웃음이 기도인 듯한 생각이 들기도 한다.

사람들이 내 종교가 뭐냐고 물으면 나는 스마일이라 말한다. 나는 스마일의 힘을 믿는다. 젊은 사람은 S라인에 목맨다지만 나는 긍정의 에스 마일, 스마일에 모든 것을 걸었다. 이 글도 웃으면서 쓰고 있다. 나는 열심히 웃음의 마일리지를 쌓고 있다. 이 스마일이 내게 원하는 삶을 살게 해줄 것이며 저 높고 아름답고 행복한 곳으로 데려다 줄 것이라 믿는다.

기도하면 이루어진다. 내겐 웃음이 기도다.

책을 읽지 말고
필요한 것을 찾아라

Q 아직도 책을 읽나요?

하루에도 수백권의 신간이 나온다. 어느 책을 읽을 것인지 엄두가 안난다. 읽고 싶은 책들이 많은데 그 책을 찾는 것도 중요하지만 막상 책을 사고 나면 이런 저런 일들이 생겨 집중해서 책 읽는 시간을 갖기는 쉬운 일이 아니다.

책도 종류에 따라 읽는 방법을 달리 할 필요가 있다. 잡지나 소설류는 그냥 한번 죽 훑어볼 수도 있지만 경영학 서적이나 성공학, 자기계발류의 실용서적들은 그냥 한번 쭉 훑어 볼 일이 아니라 필요한 부분을 찾아 실천에 옮기겠다는 자세가 필요하다.

실용서적은 먼저 필요한 부분을 찾아 밑줄을 그어가며 읽고 다시 실천하고 싶은 내용들은 정리하여 실행에 옮기는 습관이 필요하다. 그냥 읽기만 한다면 아무 소용이 없다. 단 한가지라도 실행에 옮기는 것이 중요하다. 그러기 위해서는 내게 필요한 것을 찾는다는 인식이 필요하다.

필자는 한국장학재단에서 실시하는 멘토 사업에 참여하고 있다. 7명의 학생을 멘티로 삼고 있다. 불과 몇 개월 만에 멘티들에게 놀랄만한 변화들이 일어나고 있다.

이들에게 『어린왕자 멘토를 만나다』를 주고 책 읽는 방법을 알려주었다.

첫째 중요하다고 생각되는 부분에 밑줄을 그어가며 읽는다. 둘째 그중 실천해보고 싶은 부분에 다시 밑줄을 긋고 메모한다. 셋째 실천하고 싶은 내용들을 발췌하여 매뉴얼로 만들어 실행에 옮긴다.

불과 두 달도 되지 않았는데 깜짝 놀라운 일들이 벌어졌다. 혜림이는 불과 한 달 만에 몸무게가 3킬로그램이나 빠졌다고 한다. 클래식 음악 감상과 마음치료 관련 창업을 준비하고 있는 운형이는 3년 후, 5년 후의 미래명함을 만들었더니 막연하던 사업이 구체화되고 자신감이 생겼다고 한다.

서지는 인생헌장 매뉴얼을 만들어 매일 아침 특별한 의식을 통해 긍정적인 마인드가 형성되었다고 한다. 특히 어린아이들을 가르치는데 이들과의 관계가 놀랄만큼 좋아져 주위 사람들로부터 부러움을 사게 되었다고 한다.

찬영이는 매일 내일 일기까지 쓰는 습관을 들여 준비성이 좋아졌고 특히 담배를 끊었으며 독주를 마셨던 습관이 가벼운 술 마시는 것으로 바뀌어졌다고 한다. 또한 경청습관을 통해 6년간 교제하고 있는 여자 친구의 마음을 제대로 헤아리게 되어 진정한 대화가 되기 시작했다고 좋아한다.

참으로 놀라운 일들이다. 이처럼 짧은 시간에 이런 변화를 가져오다니. 그것은 독서방법의 개선을 통해 이루어진 것이라 생각된다.

그냥 책을 주고 '읽어봐' 했으면 그 어떤 변화도 가져오지 않았을지도 모른다. 기적 같은 일이다. 가슴 설레는 일이다. 실용서적은 읽는 것이 아니라 필요한 것을 찾아 실행에 옮기는 것이라는 인식의 승리다.

소유하지 말고 이용하라

Q 소유하지 않고 자유롭게 쓸 수 있는 방법은?

집안에 정원을 들이는데 들어가는 시간, 비용 등이 있다면 그 시간에 공원을 한 번 더 가라. 더 넓고 볼거리가 풍부한 공원에 자주 나가는 것이 더 낫다. 평생 집안의 정원만 꾸미다 공원은 언제 가볼 것인가?

집안에 그림을 사모아 구석에 쌓아두기보다는 미술관에 한번 더 가보자. 소유하면 즐거움도 따르지만 유지와 관리의 고통도 수반된다.

작은 것을 내 손안에 가지려고 욕심부리다 정작 더 넓고 아름다운 것을 놓치는 우를 범하지 말자.

집안에 수영장을 만들면 무슨 재미가 있겠는가?

집안에 사우나를 들인 듯, 호텔에 있는 것만 하겠는가?

소유에 앞서 그냥 이용할 수는 없을까를 생각해보자

무엇을 소유하는데 들어가는 비용과 시간이라면 그보다 적은 비용 적은 시간으로 더 많은 것들을 즐길 일이 너무나 많다.

생텍쥐페리의 소설 『어린왕자』를 보면 다섯 번째 여행지에서 상인을 만난다. 그 상인은 오억백육십이만칠백삼십일개 하며, 자신이 소유하고 있는 별들을 세고 있었다.

아저씨는 그 별들을 소유해서 뭐해요?라고 어린왕자가 묻는다.

아무것도 안해 그냥 갖고 있는 거야.

그 별들을 갖는 게 아저씨에겐 무슨 소용이 있나요?

부자가 되는 거야

어린왕자는 다시 묻는다. 부자가 되면 뭘하는 데요?

누가 별을 발견하면 그 별을 사는데 쓰는 거지

그 별들을 소유해서 뭐해요?

난 그걸 관리한단다. 별들을 세고 또 세고 하며 그건 힘든 일이야, 하지만 난 성실한 사람이니까?

우린 지금 별나라의 상인이 별을 소유하고 관리하는 것을 어리석다고 말할 수 있는가?

불필요한 것을 갖고 있는데서 발생하는 시간과 돈을 줄여라.

돈보다 말로 자식 농사 지어라

Q 교육비 지출은 얼마나, 학원은 어디로 선택할지 고민하는 만큼, 자식에게 '어떤 말'을 물려줄지 고민해 보셨나요?

아이들이 일류대학에 들어가고 좋은 직장에 들어가면 부러운 시선으로 흔히 "저 집은 자식농사를 잘 지었어"라고 한다. 농사는 어떻게 짓는가? 좋은 씨앗을 심기 전에 먼저 튼실한 씨앗을 골라낸다.

새싹이 돋고 자라나기 시작하면 잡초도 함께 자란다. 잘 자라도록 걸음을 주면 잡초가 더 무성하게 자란다. 새싹은 잡초를 이길 방법이 없다. 농부가 잡초를 뽑아주기 전에는 새싹은 스스로 잘 자라기 어렵다.

스스로 자리매김하기까지 농부의 보살핌이 필요하다.

자식농사도 매한가지다. 튼실한 아이가 출생할 수 있도록 사전 준비가 필요하다. 몸과 마음을 정갈하게 하여 육체적으로나 정신적으로 최고의 컨디션을 유지해야한다. 아이가 출생하면 끊임없는 보살핌이 필요하다.

잡초를 뽑아주듯 아이가 잘 자라도록 무수히 일어나는 잡생각을 뽑아주어야 한다. 새싹이 잡초를 제거할 수 없듯이 아이 스스로도 잡생각을 뽑아내기는 어렵다. 그러니 부모의 도움이 필요하다.

자식농사는 무엇으로 짓는가?

결국 말로 짓는 것이다.

삼성의 이건희 회장은 창업주 고 이병철 회장으로부터 1987년 경영권을 물려 받은 후 10배 이상으로 키웠다.

이건희 회장이 물려 받은 두 가지 물건이 있다. 하나는 '경청傾聽' 이라는 휘호이고 다른 하나는 '목계木鷄' 라고 한다. 경청은 글자 그대로 귀 기울여 듣는 것이다. 상대방의 말을 잘 듣는 것이 곧 성공의 길이라는 것을 일러준 것이다. 이 휘호를 벽에 걸어놓고 늘 잘 들으려고 노력한다고 한다.

또하나 목계는 옛날 중국의 주나라 선왕이 닭싸움을 좋아하여 닭을 잘 훈련시키는 '기성자' 라는 사람을 불러 싸움닭 한 마리를 주면서 싸움을 잘하는 닭으로 훈련시키기를 명하였다. 10일 지난 후에 왕이 기성자를 불러 "훈련 상황이 어떠한가?" 물으니, 답하기를 "아직은 멀었습니다. 닭이 허장성세가 심한 것이 싸움할 준비가 안되었습니다."라고 답하였습니다. 그래서 10일이 지난 후 다시 닭의 훈련 상태를 물으니, 답하기를 "상대 닭을 보기만 하면 싸우려 하는 것이 훈련이 덜 되었습니다."고 하였다. 다시 10일이 지나 물으니, 답하기를 "아직도 상대 닭을 보면 살기를 번득이는 것이 훈련이 덜 되었습니다."고 하여 다시 10일 후 닭의 훈련 상태가 어떠한지 물으매, 답하기를 "이제는 훈련이 거의 되었습니다."고 하며, 말하기를 "닭이 목계木鷄와 같습니다. 그래서 상대 닭이 살기를 번득이며 싸움을 하려 달려들다가도 마치 목계와 같으므로, 덕이 충만하여 그 모습만 보아도 상대방은 등을 돌리고 도망을 칩니다."라고 답하였다고 하는 고사다.

경청과 목계를 물려주며 그 정신이 지금까지 이어오게 만들었다.

그것은 말이다. 이 말은 이제 이야기가 되어 모르는 사람이 드물게 되었다.

결국 자식농사는 말 농사다. 아이들이 무슨 말을 하는지 살펴보아라. 입에 담기조차 거북한 욕들을 그들은 너무나 자연스럽게 아무 일 없는 듯 사용하는 것을 보라. 짜증난다라는 말을 입에 달고 있는 어린이, 아이들이 하는 말을 잘 살펴보면 일상용어인지 욕인지 분간이 어려운 것들이 많다. 이처럼 말이 혼탁하다는 것은 그들의 정신이 혼탁하다는 증거다.

아이들을 위해서 돈보다는 말, 정신을 물려주어라. 그러기 위해서는 지속적인 말 연습, 말 공부가 필요하다. 현대의 고 정주영 회장은 "해보긴 해 보았어"라는 유명한 말을 남겼다. 돈보다는 멋진 말, 교훈이 담긴 말을 남겨주면 그것은 대대 손손 영원히 이어 갈 것이다.

"일념만년거一念萬年去"라는 말이 있다. 좋은 생각 하나가 만년 간다는 의미다. 돈을 유산으로 물려주기 보다는 말, 정신을 물려주자. 돈이 DNA를 만드는 게 아니라 말, 정신이 바로 DNA임을 잊지 말자.

꿈꾸지 말고
가슴에 품어라

Q 어떤 꿈은 잠시 숨겨두어도 좋습니다.

　정말 중요한 것은 눈에 보이지 않듯 정말 중요한 꿈은 섣불리 노출시키지 않는 게 좋다.
　닭이 알을 품을 때는 알이 보이지 않도록 가슴에 꼭 품는다. 너무 일찍 노출되면 그 꿈은 피워보지도 못하고 죽어 버린다.
　씨앗이 싹을 틔우기 위해서는 일정기간 땅속에서 숙성기간을 거쳐야한다. 너무 빨리 나와 햇빛을 보면 그 싹은 시들어 죽는다.
　대나무는 땅속에서 일정 기간 숙성기간을 거친 후 일단 나오면 하루 60~100센티미터 정도 자란다. 그전에 땅속에서 오랜 기간 준비하는데 이를 모죽기간이라 한다.
　정말 소중한 꿈은 공개하는 것이 아니라 마음속 깊은 곳에 감추어 두고 애를 태워야 한다. 가슴앓이를 해야 꿈이 자란다.
　가슴앓이가 없는 꿈은 물거품이 되기 쉽다. 정말 소중한 꿈은 남몰래 가슴에 품고 가슴 앓이를 해야 한다.
　꿈꾸지 말고 가슴에 품어라

에필로그
말은 에너지다

  최근 한국은 오디션 열풍이다. '나는 가수다', '슈퍼스타K3' 등 각 분야에서 오디션 열풍이 불고 있다. 슈퍼스타K3에서 수많은 역경을 딛고 울랄라 세션이 우승하였다. 상금 5억 원과 자동차 등을 부상으로 받은 리더 임윤택은 우승소감에서 "팀이라는 것은 무언가 잘 하는 사람들의 모임이 아니라 자기가 가진 것 중 가장 소중한 것을 포기할 줄 아는 사람들의 모임이다"라고 했다. 막내 박광선은 "목숨을 걸고 대회에 나왔다. 우리에게는 하루하루가 기적이었다. 고생을 많이 했는데 정말 감사하다"고 말했다. 이 얼마나 멋진 감동의 말인가? 우승자는 물론 보는 이도 눈물을 글썽이게 한 말이다.

  권투선수 홍수환은 1977년 11월 27일 파나마에서 지옥에서 온 악마라고 불리던 카라스키야에게 2회전에서 무려 4번이나 다운당했다. 지금의 룰이라면 그는 KO패다. 하나 3회전에서 무섭게 몰아쳐 4전 5기의 신화를 만들었다. 홍수환 선수는 이야기한다.

자신을 위해 싸웠을 때는 방어조차 힘들었다. 그 누군가를 위해 싸울 때는 힘이 났다. 특히 사랑하는 어머니를 위해서 꼭 이겨야 한다고 생각하니 힘이 솟았다고 한다. 그 결과 기적 같은 일이 벌어졌다. 신화를 만들어 냈다.

누군가를 위할 때 위대한 힘이 생긴다. 홍수환 선수가 진정으로 유명한 것은 권투를 잘 해서가 아니다.

"엄마 나 챔피언 먹었어"라는 말 한마디다. 이 한마디가 대한민국 국민의 스트레스를 한방에 날려 버렸다.

홍수환 선수가 카라스키야를 KO로 물리치고 두손을 번쩍 들어 올리며 "엄마 나 챔피언 먹었어"라고 말할 때 대한민국 국민은 약속이나 한들 펄쩍 뛰어 오르며 옆 사람을 끼어 안았다.

감동의 물결이다. 홍수환 선수는 은퇴했지만 이제야 진짜 선수가 되었다. 그는 주먹으로 세계를 제패했지만 이제는 말로 먹고 사는 최고의 특급강사가 되었다.

말기암 환자가 긴 투병생활 끝에 검진을 끝내고 결과를 초조하게 기다리다 의사 선생의 입에서 "축하합니다. 기적 같은 일이 벌어졌습니다. 완치되었습니다."라는 말 한마디에 온 식구가 펄쩍뛰며 부둥켜 안고 눈물 흘리는 감격을 맛보지 않는가?

"원장님! 원장님! 원장님 강의 듣고 덕분에 매출이 300%나 올랐습니다."라고 말해 줄 때.

"무엇이 그렇게 만들었대요. 섹스보다 맛있는 강의라는 말씀 듣고 섹스보다 맛있는 족발이라는 홍보 문구를 썼더니 매출이 300%나 올랐어요. 다 원장님 덕분이에요"라고 할 때, 아하! '내가 강사라는 직업을 정말 잘 선택했구나' 라고 생각했다.

'이제는 끝이다' 라고 탄식하고 있을 때, 부도를 면할 길이 없어 탄식하고 있을 때 "여보! 그동안 비자금으로 조금씩 모아 둔건데 이것으로 한번 다시 도전해봐요" 하며 아내가 격려의 말을 해 줄 때.

언제 끝날지 모르는 전쟁터에서 적군이 투항했다는 승리의 방송을 들을 때 등등은 그 어떤 일보다 맛있는 말이 아니겠는가.

윈스턴 처칠은 옥스퍼드 졸업식 축사의 말로 "never, never, never giye up!" 단 세 개의 단어만 사용했다. 그럼에도 불구하고 세계의 명연설 중의 하나로 꼽히고 있다.

"우리는 10년 안에 달에 착륙하기로 결정했습니다. 그것이 쉽기 때문이 아니라 어렵기 때문에 하려는 것입니다. 이번 목표가 우리가 보유한 최상의 기술과 에너지의 수준을 나타내는 척도가 될 것이기 때문입니다. 결코 뒤로 미루지 않고 기꺼이 받아들일 준비가 된 도전이기 때문입니다."

케네디 대통령의 이 연설은 1962년 6월 12일 라이스 대학에서 이루어진 것입니다.

이 연설을 할 때는 누구도 10년 내에 달에 착륙할 수 있다고 믿은 사람은 없다. 그러나 1969년 7월 20일, 대통령의 약속대로 아폴로 11호는 달에 착륙했고, 닐 암스트롱은 달에 첫 발을 디딘 지구인으로 영원히 남게 되었습니다. 누구도 믿지 않던 케네디 대통령의 비전이 인류의 새로운 역사를 만들었습니다.

이처럼 말 한마디가 인류의 역사를 바꾸기도 하고 한 개인의 행복을 좌우하기도 한다.

이 땅에 순간의 말 실수로 평생을 일궈온 명예가 실추된 사람, 생각과는 다른 말이 튀어나와 우정에 씻을 수 없는 상처를 주거나 입은 사람, 말 한마디 잘못해 중요한 시험 면접에서 낙방하는 사람, 꼭 해야 할 말을 못하고 평생 땅을 치며 후회하는 사람 등등 말 한마디 실수, 말을 잘못 전달하거나, 잘못 받아 들이는 데서 일어나는 오해 등으로 불행을 초래하는 일이 없기를 소망해본다.